红色记忆®

海南省文化交流促进会　编

南海出版公司

2014·海口

图书在版编目（CIP）数据

红色记忆·第1辑·33 / 海南省文化交流促进会编.
—海口：南海出版公司, 2014.5（2025.1重印）
ISBN 978-7-5442-7123-3

Ⅰ.①红… Ⅱ.①海… Ⅲ.①革命传统教育—中国—青少年读物 Ⅳ.①D642-49

中国版本图书馆CIP数据核字（2014）第077443号

HONGSE JIYI · DI-YI JI · 33
红色记忆·第一辑·33

作　　者　海南省文化交流促进会
总 策 划　刘　栋
顾　　问　贾延岩
执行总编　任在齐　张　桐　张爱国
责任编辑　聂　敏
封面设计　郑广明
排版印务　吴　雪
发行总监　杨成春
出版发行　南海出版公司　电话：（0898）66568508　66568511
社　　址　海南省海口市海秀中路51号星华大厦五楼　邮编：570206
电子信箱　nhpublishing@163.com
经　　销　新华书店
印　　刷　天津睿意佳彩印刷有限公司
开　　本　787毫米×1092毫米　1/16
印　　张　6.25
字　　数　100千字
版　　次　2014年5月第1版　2025年1月第2次印刷
书　　号　ISBN 978-7-5442-7123-3
定　　价　39.80元

对历史无知的人，没有真正的信仰可言；没有信仰的人，不可能拥有美好的理想，不可能胸怀崇高的情感，也就不可能担负起任何责任。用欲望文化代替历史教育，足以使一个国家的青年被腐蚀、使一个民族的希望被毁掉，使这个国家和民族被永世万代地奴役！

鉴于此，我们呼唤历史，唤回那段属于二十世纪的“红色”历史，唤回那段炮火硝烟、颠沛流离的历史，唤回那冲天的狼烟留下的悲壮回忆、岁月年轮沉淀的斑驳痕迹。历史不应该被忽略，更不应该被遗忘，牢记那段革命战争年代的红色历史更是责任。为了那些不应该被忘却的记忆，为了那些不应该被丢弃的信念，于是就有了这套《红色记忆》丛书。

曾记否，当草鞋与意志丈量出来的两万五千里穿越一个伟大民族五千年的荣辱兴衰，革命的火种被一路播撒、一路点燃。人迹罕至的雪山、荒无人烟的草地被鲜血浸透，衬映出一段光辉的里程；万水千山早已被远远地抛在身后，一轮红日在黄土高原磅礴而起。满目疮痍的河山在1936年10月温暖如春……

曾记否，当生命和鲜血浸染的十几年光阴将一种记忆铭刻进一个伟大民族的历史画卷，革命的火焰从星火到燎原。这栏杆拍遍、易水悲歌般的呼号，这折戟沉沙、慷慨赴义的悲壮，这铁马冰河、枕戈待旦的苦战，这红旗漫卷、所向披靡的豪迈……腔腔热血、铮铮铁骨早已被融铸成一座不朽的丰碑，中华民族从苦难中百死后生的壮丽诗史凝结成了五星闪耀的红色记忆。

曾记否，中华人民共和国成立以来，又有无数英烈接过前辈用鲜血染红的旗帜，或壮怀激烈戍边卫国，或忠于职守鞠躬尽瘁，或绝甘分少奉献大爱，甘做国家强盛、人民富裕的铺路石，成为和平年代民族复兴的荣光，把人民心中的红色记忆浸染得分外鲜艳，永不褪色。

这红色记忆，是信念不衰、志向不改的崇高气节；这红色记忆，是无私无我、生属苍生的博大胸怀；这红色记忆，是敢为人先、披荆斩棘的拓荒精神；这红色记忆，是中华民族最宝贵的精神财富。它告诫我们，人事有代谢，传承无绝期。缅怀先烈精神，继承先烈遗志，是社会的道德和民族的良心，是后来者须臾不可忘怀的本分。

老一代人把历史的真实交付给我们，我们有责任用真实还原历史，传承给下一代，把那段岁月与现在年轻人的生活连接到一起，使他们眼中的历史变得立体、真实、可靠，让历史成为他们前进的动力。本丛书将那些流动的、随时会飘散在时间天际的事件凝固下来，希望透过这些文字、图片，感受到英雄们那坚定的革命信念，感受到那个年代澎湃的革命激情，真切体会那段“红色历史”。

忘记历史，就意味着背叛。让我们重温历史，缅怀先烈，从中汲取力量，毅然前行。

刘栋

目录

CONTENT

目录

CONTENT

帮罗荣桓找野菜

文/陈　逊

1935年8月间，党中央在毛儿盖召开政治局扩大会议，党中央、毛泽东同志出乎意料地决定：红军将穿过人迹罕至的松潘大草地，继续北上抗日。

大草地是个啥样？当时任红三军团第四师营教导员的陈海涵心里没有谱儿。正在他暗自犯愁的时候，突然接到上级通知，军团政治部主任罗荣桓马上到营里来，与他们一起过草地。这消息使陈海涵十分欣喜，因为罗荣桓与他早在古田会议时就相识相知，是老首长、老熟人，长征开始后一直没机会见面，心里正想念老首长哩！再说，罗荣桓是红军的高级将领，由他率领部队过草地，有了主心骨，再用不着发愁啦！于是，陈海涵召集干部们商量，不管草地条件多么艰苦，一定要尽力照顾好罗荣桓，千万不能出差错。

罗荣桓（图片来源：人民网）

罗荣桓来了！与在中央苏区时相比，他消瘦多了，但精神依然饱满，他身上的灰军装已洗得发白，几块补丁整整齐齐地缀在上面，俭朴中透着几分儒雅和干练。罗荣桓一下马，便与陈海涵开玩笑：“小陈啊，这次过草地，我来和你们一起搅马瓢（一起吃饭的意思），欢不欢迎啊？”

陈海涵接过话茬儿说：“哎呀！瞧您说的，我们高兴还来不及呢，哪能不欢迎呀！”罗荣桓笑了笑，说：“欢迎就好！”接着便询问起战士们的情况：“战士们准备得怎么样？走，看看去。”话音未落，人已迈开了步。

罗荣桓刚到不久，部队就向草地进发了。尽管陈海涵对草地的艰难困苦事先做了充分的思想准备，但当他踏进草地的时候，还是感到出乎意料。

在草地，红军将士们每时每刻都在与恶劣的自然环境和困难进行着顽强的抗争，但最困难、最具威胁的还是断粮造成的严重饥饿。那种为了北上抗日为了生存而喝苦水、嚼草根，甚至不得不从牲口粪便里扒出发霉的青稞粒儿充饥的情景，没有亲自经历的人，是难以想象的。

在极度饥饿的情况下，野菜便显得尤为珍贵，成为当时唯一能够充饥的食物，被视作“活命菜”“希望菜”。可是，大量的野菜已经被先期通过草地的部队采摘得所剩无几了，陈海涵和战友们即使边走边摘，一天下来，每人摘到的也不足三四两。他们把各自采摘的野菜集中起来，煮成野菜汤充饥。对这种野菜叶比人头少的汤还得限量，每人每餐只能喝两碗。

行军时，罗荣桓和警卫员一边走一边摘野菜，一天常常能摘四五两。按常理儿，罗荣桓完全可以多吃几口自己摘的野菜，可他偏不肯“独吞”，非要把野菜交到炊事班，与战士们一起分享那种连盐味也没有的野菜汤。

每到开饭的时候，罗荣桓总喜欢站在距行军锅十几米远的地方，放大嗓门招呼四周的战士：“喂，开饭喽！”直到战士们都大口小口地喝起来，他才端起碗来……

短短几天，罗荣桓迅速地消瘦下来，他那双炯炯有神的大眼睛深深地凹陷下去，路都走不稳，常常打战摇晃。

陈海涵着急了，这怎么得了哇！罗荣桓是党的高级干部，万一饿出个三长两短来，我可怎么向党中央、毛主席交代哟！可是一转念，罗荣桓对自己要求太严，绝不允许任何人以任何理由为他搞特殊照顾。现在要是单独给他弄点野菜吃，岂不是自找批评。但是，陈海涵毕竟深知自己的责任重大，他不能因考虑个人得失，而任凭罗荣桓的健康状况恶化下去。他与几位营干部一商量，想出个“帮忙”的办法。

一天上午，陈海涵找来两个班共十二三人，亲自交代他们在行军途中“帮”罗荣桓采些野菜，然后直接悄悄送给罗荣桓的警卫员。为了避免“麻烦”，陈海涵还再三叮嘱千万不要让罗荣桓知道。

尽管陈海涵以为自己的安排天衣无缝，但很快便被罗荣桓看破了。他十分生气，把陈海涵叫到跟前，发了脾气，声色俱厉地批评了陈海涵足足有半个小时。

过了一会儿，陈海涵见罗荣桓的火气消了一些，便趁罗荣桓让警卫员送野菜到炊事班去的机会想“溜”走。没想到，陈海涵抬脚没走出几步，便被罗荣桓喝住：“小陈，告诉你，再给我搞特殊化的名堂，我就处分你！”

当时，陈海涵憋了一肚子气。回来后，独自坐在草地上发“牢骚”：“自己不吃野菜，还要处分人，哪有这个理儿？”

就在即将走出草地的那天清晨，罗荣桓连口野菜汤也没喝就出发了。到了下午，他的体力渐渐支持不住了，脸色苍白，额头上沁出许多虚汗，脚步也不太稳，有些晃悠。大概是饿急了的缘故，他便利用休息的时间，瞒着陈海涵

和战友们，拄着拐棍悄悄来到一条水沟旁，用力扯下一把青草，在溪水里涮了涮，塞进嘴里，大口嚼了起来。大概是青草太老嚼不烂的缘故，他嚼了半天也咽不下去，只好吐了出来。又扯起一把塞进嘴里，嚼了一阵子，吐了出来。再扯，再嚼，再吐……不知是咽下去的青草汁缓解了饥饿，还是担心时间长了被人发现，他停下来，用手捧起沟里的生水，“咕嘟嘟”连喝了几大口，又洗了把脸，然后站起身来，强打起精神，装出一副若无其事的样子，重新回到队伍中，指挥战士们唱起《国际歌》。

这情景被营部通信员发现了，他慌慌张张地跑去向陈海涵报告：“教导员，不好了，罗主任偷偷地拔草吃呢。”

“啊？”陈海涵一听，震惊了，营里的几个干部也急了，你一言，我一语地说：“这怎么得了哇！”“还有百十里路才能出草地，弄不好会出事的。”最后，大家都把焦急的目光集中到陈海涵的身上，“教导员，得赶紧想个办法呀！”

陈海涵何尝不明白事情的严重后果，又何尝不想让老首长多吃些东西啊？他急得团团转，两只大手搓个不停，嘴里一个劲儿地嘀咕，既像回答干部们的问题，又像是自言自语：“得想个办法……想个办法……”可是，陈海涵比别人更了解罗荣桓，在这种最困难的绝粮时刻，谁给他搞特殊，哪怕是一口野菜，肯定会受处分。可是情况明摆着，再由着罗荣桓的性子，准会饿出事儿来。

想到这，陈海涵把牙一咬，脚一跺：“豁出去背处分！大家立即分头找野菜，要快！”

陈海涵一路小跑赶到行军队伍最前面，从尖兵班开始，一个班挨着一个班地询问：“谁还有野菜？有野菜吗？”一连问了十几个班，足有几百人，终于从一个炊事班长那里找到了一小把野菜。这点野菜是那位40岁开外的炊事班班长为在最关键时刻救急而特意保存的。虽说已放了两天，菜叶子有些干枯了，但正好派上了大用场。

一见到野菜，陈海涵心里乐了。他赶紧叫那位炊事班长把野菜汤煮好，又特意让炊事班长先给班里的战士们每人盛了半碗，直到没有破绽了，才派人去请罗荣桓。

万万没想到，罗荣桓见野菜汤便警觉起来，用怀疑的目光牢牢地盯住陈海涵问：“哪里来的野菜？”

陈海涵心里暗暗叫苦：“糟啦，罗主任看出来了。”他想解释，但又不敢讲实情，主要是担心罗荣桓因此而不肯吃野菜，呆呆地站在那儿，支支吾吾地不知说什么。

就在这关键时刻，那位老炊事员抢在陈海涵前面开了腔。“罗主任，”老炊事员避开罗荣桓的询问，拿腔拿调地卖起关子，“你不是常说，干部要与战士们同甘共苦吗？我看你是嘴上说一套，做的又是一套，大伙儿挺有意见哩！”

老炊事员这一招儿真灵，罗荣桓的目光果然从陈海涵的脸上移开，迷惑不解地转向了老炊事员：“噢！这么严重啊？有意见就提嘛，我欢迎！”

老炊事员调皮地冲陈海涵眨眨眼儿，不紧不慢地揭开了“谜底”：“这几天，总见你和我们一起行军，怎么不见你和我们一起喝野菜汤啊？是不是嫌野菜汤不好吃，悄悄躲起来吃好的去啦？嗯？”

老炊事员的话，把罗荣桓逗乐了，他忙解释：“没有，没有。”

老炊事员紧追不舍："不和我们一起吃野菜，这就是特殊！"

陈海涵也像是得了理，立刻来了精神，他赶忙接过老炊事员的话茬儿："对！是特殊！你多吃是特殊，你不吃也是特殊！"

就在陈海涵说话的空当儿，老炊事员双手已端起早盛满野菜汤的碗，递到罗荣桓面前，待陈海涵的话音刚落，便接着说："这是你近几天少吃的野菜，你得补上。"说着，一边将碗递给罗荣桓，一边不忘解释一句："这也是大伙儿的一点心意，你可不能伤大伙儿的心啊！"

老炊事员的这番话，显然使罗荣桓动了感情。他点点头，默默地接过碗，低头望着碗里面的野菜，好一阵儿没吱声。当他抬起头来的一刹那儿，陈海涵发现罗荣桓眼镜片后面的那双大眼睛里有些晶莹透亮的泪花在闪动。稍许，罗荣桓颇动感情地缓缓说："谢谢同志们了！眼下整个部队都在挨饿，这碗野菜我怎么咽得下去？还是送给伤病员吧！"说着，便小心翼翼地将碗递向警卫员。

这时，陈海涵、老炊事员和在场的战士们都急了，"呼啦啦"一下子不由自主地围了上去。陈海涵和老炊事员一左一右，一手托住碗底，一手搀着罗荣桓的胳膊，这碗就停在了半空中。这时，空气就像凝固了一样。

老炊事员带着哭腔，恳求道："罗主任，你就吃了吧，我求你了！"说着便呜咽起来……在场的人都静静地站着，没有任何动作，也没有任何语言，但每个人的眼睛里都蓄满了泪水。

陈海涵再也无法抑制内心的复杂感情，他竭力不使眼眶中的泪水流出来，猛地松开手，急转过身去，朝没人的方向猛跑几步，面对着茫茫大草地，独自一个悄悄地哭了起来。

红军终于战胜了大草地。当毛泽东得知罗荣桓在草地的模范事迹后，颇动感情地讲了一段意味深长的话："罗荣桓同志的模范表率作用充分说明，我们的干部，特别是高级干部，在任何时候任何条件下，都必须与广大指战员和人民群众保持最紧密的联系，与他们生活在一起，战斗在一起，胜利在一起。这样，我们的党，我们的红军，我们的革命事业，就必将战胜一切艰难险阻，无坚不能摧，无往而不胜！"

（本文选自《福建党史月刊》）

来自人民，一心为民

文 / 殷宝洪

黄克诚（图片来源：新华网）

黄克诚出身湖南贫苦农民家庭，之所以投身革命，是为了广大人民求解放，谋福祉。

1940年，时任八路军第二纵队司令员兼政委的黄克诚奉命率部开进华中，与陈毅率领的新四军江北指挥部会合，共同开辟苏北敌后抗日根据地。当时，苏北人民在敌、伪、顽的掠夺和压榨下，生活十分困难，特别是地处沿海的阜宁一带，大海潮成灾，百姓流离失所。黄克诚到达后，目睹人民群众背井离乡，灾民遍地的情景，他决定帮助人民解决水患。他亲自征询各方面意见，动员三万多名民工和战士挖土筑堤。军民携手奋战三个多月，于1941年7月，筑起一道四十五公里的拦海大堤。就在新海堤筑起的次日，巨大的海潮翻腾而至，水位高出以往大潮。但新海堤屹然未动，保住了人民群众的生命财产安全。时至今日，苏北人民一说起当年修海堤的事，无不对黄克诚和新四军三师充满敬意和怀念之情。

1948年5月，黄克诚奉命担任冀察热辽分局书记兼军区政治委员，领导巩固和扩大解放区，为东北野战军举行辽沈战役和入关南下做准备。他从哈尔滨出发，与分局常委胡锡奎边走边调查沿途情况。因连年战争和自然灾害严重，这一地区经济萧条，粮食缺乏，灾民达两百余万人，宁城、赤峰、赤西，情况尤为严重，因饥饿而死亡的人口达一万多。到任后，黄克诚立即召开紧急会议，决定从战备储备粮中先拨出一部分，急送重灾区。同时决定，取消分局机关设立的首长小灶，一律到机关食堂就餐；各级党政机关精简，把节约的粮食送往前线。

（本文选自《人民日报》）

抗日战争时期，黄克诚（左一）与邓小平等在一起（图片来源：《人民日报》）

换房

文/郑晓艳　吕　航

又一场鹅毛大雪，把太行山麓覆盖得更严实了。

严冬对于抗日根据地的军民来说，是严酷的。日军封锁，燃料短缺，军队供给也很紧张。八路军总部的首长节衣缩食，官兵一致，共渡难关。

一天，人们发现，左权参谋长近些日子更瘦了，颧骨明显地凸了起来，那双大眼睛也显得更大了。

警卫员们发现左副参谋长总是在地图前来回踱步，身上那件旧大衣裹得很紧，偶尔还能听见他跺脚的声音——他实在是冷得控制不住了。警卫员们都知道，左副参谋长为人宽厚，严于律己。前几天，总部一位首长见他面容憔悴，便吩咐炊事班弄一只鸡来，炖好让他补补身子。谁知鸡炖好之后，左副参谋长一筷子也不动，悄悄让人送给了伤病员。

左权（图片来源：《沈阳日报》）

伤病员们知道内情后，又原封不动送回来。左权一看，生气地说："你们在枪林弹雨中爬来爬去，挂了花，流了血，多吃点肉，养好身体，多杀敌人，不就是爱护我吗？"

伤病员们一听，只好端回去吃了。

对此，警卫员们也没办法。每当别人送给左副参谋长一点食品，他都不肯轻易吃一口，不是给伤病员，就是转给其他首长和警卫员、炊事员。

这次部队驻扎在太行山深处，遇到多年少有的大风雪。左权住的那座破庙空洞洞的，四面透风，警卫员们想了很多办法，用野草堵，用毛边纸糊，均不见效。有道是"针尖大的孔，斗大的风"。走进屋里，能听见风从缝隙钻进来的"呼呼"声，让人一听，更添寒意。

左权总是紧裹着大衣在地图前思考战役部署，有时伏在桌上一写就是大半天，时间一久，脚冻得麻了，才跺跺脚，让血液恢复畅通，让双脚恢复知觉。

警卫员住的小屋紧挨着炊事班的伙房，那边一烧火，热气从墙那边传递到这边，使得警卫班的小屋暖融融的。于是，大伙儿派代表要和左副参谋长"谈判"换房。

"首长，咱们大伙儿挤在一间屋子里，有点施展不开，一个人打呼噜满屋子就像打雷，能不能跟首长换一换房，让我们宽敞宽敞……"

"代表"的话未说完，左权就笑了起来："你们这些小鬼编谎话也不会编，能骗得了我？是想把暖房让给我吧！"

"代表"一听，无法再扯别的原因，只得如实央求首长换房："你不是常说考虑问题要从大局出发吗？你住得暖和些，有更多的精力用在考虑全军打仗的大局上，不是很好吗？"

左权认真地说："你们那房子里住着一个班，而我是一个人，怎么能让一个人住暖屋，叫你们十几个受冻呢？"

"我们人多热气大，再说我们年轻火气旺……"

"代表"还要争辩，被左权挥手制止了："你们的好意我领了，房子我是不换的。"说完，他又望着地图凝神起来……

"代表"无奈，只得悄悄退出，"复命"去了。

（本文选自吉林人民出版社《永不褪色的红色故事》）

『一代名将』李天佑四次临危受命

文/叶介甫

李天佑（图片来源：中国网）

李天佑，1914年1月8日出生于广西临桂县（今临桂区）六塘圩小江高陂寨一个贫农家庭，1929年加入中国共产党，同年参加百色起义。曾任团长、师长、纵队司令员、军长、兵团第一副司令员，广西军区司令员，原广州军区第一副司令员、代司令员，人民解放军副总参谋长等职。参加了中央苏区反“围剿”和长征，率部参加了湘江阻击战、直罗镇、东征、西征、平型关、东北夏季秋季冬季攻势作战、辽沈、平津等战役战斗。在长期革命战争中，英勇果敢，指挥灵活，善打硬仗，曾七次负伤。1955年，被授予上将军衔。

解放战争时期，李天佑（左一）与钟赤兵（图片来源：人民网）

1934年10月8日，红三军团到达宁都以南地区，进行战略转移。军团主力渡过信丰河，突破国民党军设置的第一、第二、第三道封锁线。当红军通过国民党军第三道封锁线时，蒋介石已判明红军突围的战略意图，遂调集二十五个师编为五路军，沿湘江两岸构成第四道封锁线，企图围歼中央红军于湘江、潇水以东地区。能否突破湘江，冲出国民党军重围，是关系到中央红军生死存亡的一仗。

11月26日，李天佑第一次临危受命，军团命令他和政委钟赤兵率第五师第十四、第十五团，立即赶赴灌阳的新坷阻击广西国民党军，保证红军安全，掩护中央机关“红星”纵队渡湘江。要求他们“不惜一切代价，坚持三到四天”。

李天佑和钟赤兵深感形势严峻，责任重大，急速率领部队急行军赶赴新圩，抢先占领山岭，构筑阻击阵地，并与参谋长胡浚一起根据地形认真部署兵力。28日，广西国民党军第四十四师在猛烈炮火掩护下，从灌阳向新圩第五师前沿阵地发起进攻。面对数量和装备占绝对优势的国民党军，李天佑坚定沉着地指挥部队凭借有利地形奋勇抗击，逐个山头与国民党军展开激烈争夺，一天打退了国民党军几十次冲锋。广西国民党军正面进攻受阻，遂以一部兵力从侧翼迂回，第五师两个团腹背受击，被迫退至第二道防线。29日，广西国民党军第二十四师和第七军独立团，在飞机、炮火支援下加入战斗，战斗更加残酷激烈。红军战士与广西国民党军展开白刃战，终因寡不敌众，第二道防线被突破。为了夺回失去的阵地，红军反复厮杀，伤亡惨重。30日，第五师继续阻击广西国民党军进攻。此时，第五师两个团伤亡已达两千多人，师参谋长胡浚、第十四团团长黄冕昌壮烈牺牲。李天佑和钟赤兵在离前沿不到一千米的指挥所里，抑制悲愤调整部署，果敢地指挥部队坚守阵地，顽强阻击敌军一次又一次的进攻。同日午后4时，中央机关及军委纵队全部渡过湘江，第五师才奉命撤出战斗。

1935年11月下旬，刚刚参加完直罗镇战役的李天佑调任第二师副师长，师长刘亚楼，政委萧华。为发展与巩固陕甘苏区，建立牢固的根据地，1936年1月31日，西北军委在延长县城召开扩大会议，毛泽东做出东渡黄河的指示。李天佑第二次临危受命，2月20日，东

八路军总部在陕西韩城县（今韩城市）芝川镇东渡黄河（图片来源：中国共产党新闻网）

渡黄河战斗开始。红一军团以第二师第五团为先头，趁夜暗开始渡河。李天佑主动要求到先头部队，加强指挥。战斗打响后，他直接指挥第五团以勇猛果敢的行动，在延长县附近的预定渡河点实施强渡，一夜间突破国民党军阎锡山部队的天险河防，控制了河东滩头阵地，并积极扩大渡河场。国民党军为防堵红军东进，在红军抢占有利阵地的同时，国民党晋绥军独立第二旅抢先占据吕梁山，并东出要冲，其先头第四团加强一个炮兵连于25日黄昏进入关上村。红一军团首长决心乘其立足未稳予以歼灭。26日上午，军团以一部兵力监视、包围关上村之第四团，并截断其与旅部和第三团的联系。下午，以第二师和第一、第四师合击关上村守军，将该团全歼。国民党军独立第二旅旅部和第三团向汾阳撤退，第一、第四师跟踪追击，于27日在距关上村约二十五公里之郭家庄附近将其大部歼灭。3月10日，李天佑在红一方面军和第二师首长指挥下，继续与先头团第五团指战员一起，在兑九峪、阳泉曲地区，配合兄弟部队与从北南东三面向逼近红一方面军的国民党晋绥军第二纵队作战，重创该纵队两个团。

1937年，七七事变爆发。8月，中国共产党与国民党达成协议，中国工农红军主力部队改编为国民革命军第八路军。红一军团第四师改编为八路军第一一五师三四三旅六八六团，李天佑任团长，杨勇任副团长（后改任政委）。9月23日，第一一五师在灵丘以南的上寨村召开连以上干部参加的战斗动员会议。会上命令李天佑和第六八五团团长杨得志分别率第六八六团和第六八五团担任主攻任务，在平型关东侧山地设伏。会上聂荣臻还特别强调：八路军出师抗战第一仗必须打胜！打败或者打成平手都不行，中共中央和全国人民都在盼望八路军第一个捷报。

李天佑第三次临危受命，他和杨勇率团连夜赶往距平型关十五公里的冉庄待命，抓紧做战前准备工作。平型关地形险要。关前有公路蜿蜒其间，直通灵丘。路北侧山高坡陡，极难攀登，南侧山低坡缓，易于出击。李天佑率领的第六八六团实施中间突破，歼灭从灵丘来的日军精锐部队第五师团二十一旅团一部和辎重车辆。

25日上午7时许，满载着日军、辎重部队和军用物资的三百余辆汽车、马车开始向平型关开进。日军自侵华以来，很少遇到强有力抵抗，气势汹汹，疏于防备。由于道路泥泞，日军几十辆汽车在辛庄至老爷庙之间停了下来。西进的日军继续向前拥，人、马、车、炮挤成一团，李

天佑一看正是开火的好机会，立即报告师部。师首长当即发出攻击命令。

李天佑和杨勇遂令担任突击任务的第一营："攻击开始，狠狠地打！"霎时，枪炮声大作。日军汽车中弹着火，堵塞了西进的去路，拥挤在公路上，乱作一团。李天佑指挥部队迅速冲下公路，把日军切成几段，一口一口把它"吃掉"。

当李天佑和杨勇发现日军向老爷庙及其以北高地爬时，便命令第三营："要不惜牺牲冲过公路，抢占老爷庙，居高临下，把敌人消灭在山沟里。"第三营营长邓克明、教导员刘西元率领全营，冒着六架日式飞机扫射的危险，一鼓作气冲上公路，同日军展开白刃格斗。由于山上山下日军火力夹击，邓克明和杨勇相继负伤。但他们坚持指挥，不下火线。在第二营及时支援下，第三营终于占领老爷庙及其以北制高点。

平型关战役后，六八六团团长李天佑（右）和副团长（政委）杨勇接受《良友》记者采访照片（图片来源：广西新闻网）

这时，第一一五师部队两面居高临下，打得山沟里的日军无处躲藏。日军指挥官为夺取老爷庙制高点，曾反复强令其士兵以几十人、百余人、几百人反复冲锋，均被抢先占领老爷庙阵地的第三营打了下去。日军的飞机、火炮和快速骑兵，均失去作用。下午1时，当日军调集兵力再次向山上攻击时，第六八七团攻上来了。不久，李天佑发现日军首尾已乱，便命令部队加强火力反击。疯狂、残暴至极的日军，顶不住夹击，除少数通过国民党军阵地逃窜外，大部被第一一五师部队歼灭。五公里长的山沟里，到处躺着血肉模糊的日军尸体，战马、汽车、火炮等，狼藉满地。

图为平型关战役中第一一五师某部的机枪阵地（图片来源：新华网）

1948年11月2日，刚刚从辽沈战役中征尘未洗的李天佑第四次临危受命。中央军委命令李天佑所部以最快速度入关参加对天津的攻坚作战。接到命令后，李天佑、梁必业率领部队以急行军奔向天津西面的杨柳青。这次战役由李天佑和梁必业统一指挥第一、第二纵队和炮、工、装部队担任第一主攻。1949年1月3日至12日，按照统一部署，李天佑指挥部队逐一拔除了作战正面的外围据点。14日上午10时，在守军拒绝投降时，攻城部队对天津市区发起总攻，五百多门火炮齐鸣，成千成万发炮弹倾泻在守军阵地上，整个阵地变成一片火海和废墟，预定的突破口处，烟尘滚滚，城墙和碉堡纷纷倒塌。

炮火准备尚未结束，第一纵队左翼主攻师两个尖刀连求胜心切，提前向和平门突破口发起冲击，并很快登上城墙。为避免误伤，李天佑果断地命令东北野战军炮兵副司令员匡裕民："立即通知各炮群，停止轰击突破口，改向纵深延伸射击！"左翼师尖刀连的行动牵动了城西其他主攻部队的行动。他们看到城墙上插的红旗，立刻冲过护城河，涌向突破口，并向突破口两侧发起进攻，摧毁守军的一个个地堡，像潮水般涌进城区，向纵深发展。

在战斗发展迅速，指挥员难以掌握部队全面情况时，李天佑等纵队领导立即分头深入部队，实施具体指导。当李天佑来到右翼主攻师第一师时，师长江拥辉和政委黄玉昆正随主攻团向海光寺一线守军核心阵地发起进攻；第二师第四团七连到达金汤桥。同时第二纵队尖刀连也攻到金汤桥。李天佑命令第一纵队各部队按预定作战计划独立作战。各部队在火力掩护下，粉碎敌军多次反冲击，于15日5时，与东西对进的各兄弟部队在金汤桥胜利会师。天津城已被拦腰斩断，守军陷入极度混乱状态。各路攻城大军乘势穿插，分散追歼，火速席卷全城。当日拂晓，第一纵队第一团前卫营打到天津警备司令部，经激烈拼杀，抓到大批俘虏。第六连副排长邢春福和战士傅泽国、王义风与守军拼了一阵手榴弹后，冲进大楼地下室，活捉了天津警备司令陈长捷。第三团攻占了守军最后坚固据点海光寺，第五团攻占了胜利桥，第七团攻占了解放桥和小白楼，活捉了警备副司令、军长等。至当日下午3时，历时二十九个小时，天津守军十三万余人全部被歼，其中第一纵队生俘2.47万余人，毙伤1791人，天津战役胜利结束。

（本文选自中国共产党新闻网，有删节）

1954年，李天佑与夫人杜启远（图片来源：人民网）

许世友——战功赫赫的胶东军区司令员

文/耿 晶 杜家荣

许世友（图片来源:《烟台日报》）

许世友，男，1905年出生于河南省信阳市新县田铺乡河铺村许家洼。他出身贫苦农家，曾在少林寺当和尚。抗日战争时期，任中国人民抗日军政大学校务部副部长，八路军一二九师三八六旅副旅长，山东纵队第三旅旅长，山东纵队参谋长，胶东军区司令员。在土地革命时期、解放战争时期立下战功，为中国人民的解放事业做出贡献。1955年，许世友被授予上将军衔。

黄麻起义、三过草地……在来胶东之前，许世友已经是远近闻名的战斗英雄。

在这片亲密战斗过的胶东大地上，许世友留下的既有大小战役的辉煌战绩，也有流传在民间的种种轶事。开国上将在敌人眼里，是闻风丧胆的常胜将军；在胶东人民眼里，却是一位个性鲜明的可亲人物。

从杂役到敢死队长

许世友是河南省新县人，幼时家贫，随母讨饭，跟随父兄放牛，后来给武术师傅当杂役。1921 年回乡后参军。1926 年 9 月，许世友加入中国共产主义青年团，参加了家乡的农民运动，任六乡义勇队大队长兼炮队队长，11 月参加黄麻起义。

在鄂豫皖根据地，许世友先后五次任敢死队队长，七次负伤。他还参加了著名的粉碎刘湘“六路围攻”的战役，指挥二十五师坚守大西山阵地达三个月之久，粉碎了三十倍于己之敌的进攻。

之后，许世友担任红四军军长，参加二万五千里长征，率部三过草地。1936 年他出任红军第四方面军骑兵司令员，担负侦察、筹粮等艰巨任务，在雪山、草地与敌人战斗七十余次，为红四方面军渡过艰险北上甘南，创造了有利条件。抗日战争时期，许世友任抗日军政大学校务部副部长，1938 年 10 月出任八路军一二九师三八六旅副旅长，和旅长陈赓率部进军冀南。

来到胶东指挥反投降

1940 年 9 月，许世友调任山东纵队第三旅旅长，组织指挥部队同日、伪、顽军战斗在渤海之滨、清河两岸。市党史学会理事滕振贤介绍，1940 年许世友率部队经过海阳战场泊村时，走到山边发现有六十多座新坟，当即派人查探原因。原来是之前村长为了讨好即将到来的日伪军，命令村里 18 ～ 65 岁的人都要到村口前的大道去迎接，不去的人就要罚三百大洋。日伪军对当时没有前去迎接自己的村民进行屠杀，六十多人不幸殒命。许世友得知情况后十分恼火，让下达命令的村长为死去的村民树碑戴孝。两名村长变卖了自己家里的田地，带头为无辜的村民出殡，墓碑上刻下“恶霸低头”四个大字。

1941 年 2 月 17 日，山东分局和八路军山东纵队指示第五旅、第五支队组织反击国民党投降派战役，并派驻清河区的山东纵队第三旅旅长许世友率三旅一个团开赴胶东参战。3 月 14 日，许世友到达黄县的第二天，胶东区党委在黄县黄城阳村召开会议，成立了胶东反投降指挥部，许世友任指挥。

指挥部决定采取集中兵力，避实击虚、出其不意、攻其不备的作战方针。牙山是胶东军民坚持抗战的心脏地区，当时国民党山东省第九区专员蔡晋康占领牙山地区，切断了我东海、西海两区根据地的联系。为了打通东、西海区根据地通道，山东分局决定解放牙山，派许世友统一指挥第五旅和第五支队，开展反投降斗争。

3 月 15 日夜，西路第五旅、清河独立团与东路第五支队同时向牙山发起进攻。18 日 18 时，蔡晋康带伤率残部百余人向南逃窜，东路的第五支队的三个团也在当日歼灭了陈昱大部。此役歼敌一千八百余人，牙山的解放扫除了栖霞抗日斗争的障碍，扩大了抗日根据地，使胶东区东西抗日根据地连成一片。

粉碎敌军大扫荡

1942 年冬季，日军开展集中大“扫荡”。11 月 8 日，日军华北方面军司令官冈村宁次秘密由北平飞到烟台，布置对胶东抗日根据地的“扫荡”。11 月 17 日，日军万余人乘六百余辆汽车，由烟青公路东进，纠集于莱阳、栖霞、福山等县。19 日，沿烟青公路布防构成“隔断网”，并开始向东推进。21 日，敌人以栖霞、牟平、海阳、莱阳间的牙山、马石山为中心，实施“拉网合围”，妄图

消灭胶东军区领导机关。

胶东军区及胶东区党政群机关，在第十六团、第十七团的掩护下，隐蔽地穿越了日伪军的封锁线，向东跳出中心合围圈，移至外线。胶东军区司令员许世友率指挥机关，直插乳山县的冯家等日伪据点，绕道棘子园待机而动。胶东军区副司令员王彬指挥第十六团、第十七团，化整为零，以营、连为单位伺机突围。中国人民抗日军政大学第一分校胶东支校校长聂凤智、政治委员廖海光指挥师生于21日黄昏突出重围，转入敌后，协同地方武装对烟青公路的福山至栖霞段进行大破袭，并三次袭击福山县城，从敌后牵制和威胁日伪军。在一个多月的反“扫荡”战斗中，全区军民英勇斗争，共毙伤敌人两千余人，沉重打击了日伪军嚣张气焰，粉碎了日军在胶东发动的规模最大、时间最长的“冬季大扫荡”。

指挥规模秋季攻势

1944年8月15日，胶东军区向胶东军民发布动员令，要求各军分区独立作战，相互配合，挫败日伪军企图在胶东抢粮的阴谋，立即在整个胶东形成全面的战略攻势。根据胶东军区的指示，许世友开始组织指挥胶东部队展开大规模秋季攻势。

8月22日，黄县独立营得知驻黄县县城的伪军有一百余人，将分乘四辆汽车与驻黄城集伪军换防。下午2时，黄县独立营在两地中间的张家沟村设伏，一举击毙伪军十余人，俘虏六十余人，烧毁汽车四辆，缴获长短枪七十余支。8月24日夜，胶东军区十六团三营、东海独立团一营与二营，在地方武装的配合下，向牟平县境内最大的日伪军据点——水道据点发起猛攻。至25日上午，攻克水道据点，歼灭日军五十四名，毙俘伪军一百八十名。经过一个月的大小战斗，胶东部队内克水道，收文登，占荣成，逼威海，扫除日伪据点一百三十余个。

1947年初，许世友出任华东野战军第九纵队司令员，曾西进参战，下莱芜，战和庄，坚守白马兰，大战孟良崮。8月组成华东东线兵团，许世友任司令员，组织指挥展开胶东保卫战。1947年秋，率第九纵队第三次进入胶东，会同第十三纵队和地方武装坚持内线作战，组织部队先后进行了灵山、平度、掖县、水沟头、道头等战斗，给敌以重大杀伤。随后又组织指挥了胶高追击战，收复平度、海阳等地，继而挥师北上，直捣莱阳城，取得胶东保卫战最后胜利。同时还组织指挥了周村、张店、昌乐、潍县、兖州、济南诸战役。

1947年，莱阳战役之后，许世友住在当地老百姓的家里，房主十分敬仰这位战斗英雄，为让房间保暖，就堵住了许世友房间墙壁上的灯窝。后来堵灯窝的砖头掉了下来，把房主的锅给砸坏了，许世友一定要让警卫员给房主大娘赔钱，坚持这项损失是自己造成的。所以，许世友不仅在部队里，在老百姓当中也有很高的声望。

1953年，许世友参加抗美援朝，任中国人民志愿军第三兵团司令员，参加了夏季进攻战役。1955年9月，他被授予上将军衔。

（本文选自《烟台日报》）

赵尚志将军的经典战例

文 / 汤继福　刘延功

赵尚志（图片来源：中国共产党新闻网）

在赵尚志主动进攻、先机制敌的战例中，肖田地战斗最具代表性，日军头目望月曾慨叹："此战必有名将指挥。"并惊奇地称，"肖田地突围是德国联军式的退却"！抗联名将赵尚志在对敌战斗中常常出奇制胜，创下了许多经典战例。

声东击西，围魏救赵

赵尚志曾以攻打宾州县城，而成功地为孙朝阳解围。孙朝阳原名叫孙兴周，是旧东北军的一个团长，因他是辽宁省朝阳人，外号"朝阳"。"朝阳队"是一支有名的义勇军。1933 年初，孙朝阳部队在宾州东山遭到日伪军的三面包围，孙朝阳束手无策，坐以待毙。危急时刻，赵尚志给孙朝阳出了打宾州县城以解东山之围的主意。赵尚志胸有成竹地说："敌人用三千多人来包围我们，必然后防空虚。又加之宾州是哈东的重镇，是日军东进的桥头堡，只要我们攻打宾州，敌人就会抽调兵力回援。"孙朝阳听从了赵尚志的建议，把自己的马和枪都给了赵尚志，并由赵尚志自己挑选了一小部分精锐部队攻打宾州县城。来到城下双

方一交上火，这些百里挑一的战士各尽所能，瞄准城墙上的守敌一顿猛射，几十个顽敌就当场毙命。赵尚志乘机攻进西门缴获了敌人的枪支弹药。包围孙朝阳部的大队敌人听说赵尚志攻占了宾州县城，匆忙回撤，解救县城，使孙朝阳部得以顺利解围。从此，赵尚志得到了孙朝阳的信任，由一名马夫，破格提拔为参谋长。

创新武器，攻城夺船

赵尚志为什么要创新武器呢？日军侵占东北三省以后，加强了所有城镇的军事布防，并四处扬言：“抗联和那些土匪一样，绝不敢攻打城镇。”日军这么做，是想把抗联激出山林，利用城防优势消灭抗联。赵尚志为扩大抗联的影响，打掉敌人嚣张气焰，依靠自主创新精神，自主研制武器。其中，用自主研制的木炮，轰宾州、轰日军货轮，被人们传为佳话。

什么是木炮呢？木炮是赵尚志利用在黄埔军校学到的火药力学知识，带领“土专家”研制的一种重型武器。木炮是怎么制成的呢？赵尚志在山上选了一棵一搂多粗的鲜榆木，掏空树心，挖出一个圆洞，镶进一根粗铁管，外面用五道铁箍紧紧箍住，并用粗铁线一道道缠好，炮筒制成后，炮膛内装入十多斤火药和三四十斤碎铧铁、大秤砣和破铁锅等物，再接上导火索，最后用棉花、黄泥将木炮口紧紧封好，一台威力无比的木炮就这样制成了。

1934 年 5 月 9 日，赵尚志率部队将宾州城（宾县）团团围住。赵尚志命令战士用火力压制住城墙上的敌人之后，指挥战士用南城门前的一棵千年古树做炮身，把炮筒牢牢绑在大树上，炮口瞄准了城门。随着木炮震天之响，南城门旁的炮楼被打中，坯瓦被轰得七零八落。又一声炮声，城墙被轰破一角，战士们从缺口冲入城内。此战日军死伤七八十人，而我军只牺牲两人。之后，他们继续用自制的木炮在松花江南岸方正县草皮沟成功击沉一艘日军货轮，截获了大量军需物资。老百姓高兴地称赞：“自制木炮显神力，抗联声威震敌胆。”

主动进攻，先机制敌

进攻是最好的防御，狭路相逢勇者胜。在赵尚志主动进攻的战斗中，肖田地战斗最具代表性，日军头目望月曾慨叹：“此战必有名将指挥。”1934 年 11 月下旬，赵尚志率两百余名队员行至方正与宾县毗邻的肖田地时，不巧与日伪军七百余人相遇。日伪军即将哈东支队包围。赵尚志迅速到山上去指挥战斗。看到敌人正向司令部所住大院冲击，赵尚志面对三倍于己的敌人沉着指挥应战。经数次激战压住了敌人的攻击。战斗直至天黑。不多时，尾追的敌人又从沟底兜了上来，将我军包围。这次，敌人认为哈东支队是插翅难飞了。可是，他们万万没有料到，赵尚志指挥部队向敌人薄弱处虚晃一枪之后，又乘机杀了个回马枪，一下子就打开了敌人的包围圈。鏖战中，赵尚志左肘部中弹负伤，血流不止，但仍然指挥部队井然有序地撤进深山。肖田地一战毙伤日伪军一百余名。战斗中，我军只伤亡三人。日军部队的头目望月惊奇地说道：“这是德国联军式的退却。”

巧用地形，伏击胜敌

隘形者，我先居之，必盈之以待敌。

赵尚志烈士纪念碑（图片来源：中国共产党新闻网）

险形者，我先居之，必居高阳以待敌。意思是说：在狭长的山谷里，我们应该抢先占领，并用重兵封锁隘口，以等待敌人的到来；在险峻之地，我军要抢先占领制高点，巧妙设伏，居高临下，打击敌人。赵尚志正是坚持了这一思想。

著名的冰趟子战斗发生在1937年初，当时赵尚志率部远征黑嫩平原。远征队顺着运送木材的山道来到一个名叫“冰趟子”的地方，一股敌人尾随而至。冰趟子是因冬天附近的山泉水流在山丘下结成一片冰川而得名。山道上是泉水凝成的那片冰川，冰川上覆盖着一尺厚的积雪。山道两侧是连绵起伏的小山，山上长满榛柴棵子。此处建有四幢伐木工人居住的木刻楞大房子，里面有用汽油桶做成的火炉。在这里，赵尚志作了战前动员讲话：“冰趟子这儿地形不错，坚固的四座木刻楞可以固守，沟的两侧是山林，可以设伏，沟口处狭窄，可以截断敌人的退路。只要我们把鬼子引到冰川上，别说他有五十道（‘武士道’）精神，就是有六十道、七十道也白搭。”

战前，为迷惑敌人，赵尚志指挥战士沿冰趟子前行一段距离，在雪地上留下一行脚印，再兵分两路迂回到冰趟子两侧稠密的树林中设伏。这时，两百多个鬼子顺着脚印进入了我军伏击圈，赵尚志发出战斗命令，顿时枪声大作，打得鬼子晕头转向。鬼子疑惑：从雪地的脚印看，抗联还在往前走，怎么会突然从天而降呢？接着，约五百名日军从远处耀武扬威地扑向我军。但敌人在冰川上站不住、走不稳，很快队形大乱。这时，我军的六挺机枪猛烈地向敌人扫射，不可一世的鬼子兵被打得人仰马翻，鬼哭狼嚎。此时，赵尚志估计敌人将会从沟口逃跑，于是命令加强沟口阻击力量。果然不出所料，敌人开始逃跑。但赵尚志事先已经扎好了“口袋”，敌人前进不得，后退无路，抗联战士瓮中捉鳖，全歼鬼子。

（本文选自中国共产党新闻网）

叶飞上将与“生死客栈”

文 / 练仁福

叶飞（图片来源：《海峡都市报》）

叶飞（1914—1999），原名叶启亨，曾用名叶琛。生于菲律宾吕宋岛奎松省，祖籍福建省南安市。中国共产党党员。1955 年被授予上将军衔，荣获一级八一勋章、一级独立自由勋章、一级解放勋章。1988 年荣获一级红星功勋荣誉章。

在福建省革命历史纪念馆有一颗带锈的子弹头，子弹头被装在一个心形的小盒子里。这颗子弹头颇有来头。1933 年，时任中共福州中心市委特派员的叶飞前往福安狮子头客栈与地下党接头，遭遇国民党特务队伏击，身中六枪，叶飞最终从死神手中奇迹般挣脱。那次遇险时，敌人向他射出的其中一颗子弹在他身体里“埋藏”六十六年之久。直到 1999 年，他逝世后才被取出。

与地下党接头时被特务按住连开几枪

叶飞曾这样描述狮子头客栈遇险：“上来了三个人，我都不认识，我来不及掏枪，他们就将我按住，我头部、胸部、手臂都中了弹，躺的地方都是血，不由想到这次非死不可了……”

狮子头村坐落在闽东富春溪上游的东岸，因从西岸遥望村庄，村后山形犹如卧伏的雄狮，村子因此得名。因为狮子头村是赛岐进出福安县城的必经之道，码头边的狮子头客栈生意异常繁忙，那里也是福安地下党组织一个重要的交通联络点。

“狮子头客栈遇险”发生在 1933 年的冬季，当时叶飞才十九岁，他以中共福州中心市委特派员的身份在闽东地区巡视工作，在狮子头客栈与地下党接头，正当叶飞在等待地下党人员时，上来了三个人，叶飞并不认识这三人，不禁大吃一惊。就在这时，那三个人从楼梯口几步跑过来，叶飞还来不及掏枪，他们就将叶飞按住，朝叶飞开枪。叶飞头部中了弹，倒在地板上，鲜血淋漓。他们搜去了叶飞身上的手枪和笔记本，就跑开了。叶飞的脑子还清醒，听到他们下楼的声音，便抬头一望，这下坏了，原来只下去了两个，还有一个留在楼梯口正看着自己死没死。那人看见叶飞抬头，就大叫起来：“还没死！还没死！”并跑过来朝叶飞又连开三枪，一枪击中脑部，一枪打在手臂上。

叶飞竟还没有死！接受了第一次的教训，叶飞躺在那里一动也不动。紧接着，听到楼下哨子声响，有人急促地叫着：“快走，快走！”叶飞听到楼上那人跑下楼的声音，楼下的人纷纷跑出去的嘈杂声，但他还是没有动。又过了好久，周围悄无人声，叶飞才抬起头朝四周探望，确实没有人了。叶飞头部、胸部、手臂都中了弹，躺的地方周围都是血……

扮成回娘家的新娘　突破敌兵重重封锁

刺杀叶飞的人是福安县国民党派出的特务队。由于狮子头一带我方的力量比较强，所以那些特务刺杀叶飞后不敢久留，匆匆返回福安县城。

身中六枪后，叶飞由于流血过多，已经快要虚脱了，根本就没有力气站起来，就拼着最后一点力气往门外爬，一直爬到一座小磨坊旁的小水沟边，昏迷了过去。

叶飞整整昏迷十个小时之后，才苏醒过来。事后，客栈老板娘玉婵立即赶到村子里报信，叶飞被救了回来。

郑如萱是狮子头村的一名护士，在福州医院工作过两年，后来跟着父亲回到村子里。当晚，狮子头村党支部书记夏辉将郑如萱请来。郑如萱立即为叶飞进行清创并简单包扎。叶飞头部所中的一颗子弹，从左侧耳前射入，碰到骨头，

藏在叶飞脑中66年的子弹头（图片来源：《海峡都市报》）

往下偏去，从脸部中间穿过，留在右脸皮下。

由于村中无法进行手术，药品也匮乏，再者国民党特务队极可能再次返回搜捕，大家决定将叶飞转移到山上红军游击队的根据地去。此时，未找到叶飞遗体的特务队已经恼羞成怒，派出许多兵，封锁各交通要道，安全转移出现困难。

当时正好村里有一户人家娶妻，大家就想到，把叶飞装扮成回娘家的新娘子，坐着轿子离开。

第二天天刚蒙蒙亮，叶飞换上一身新娘装，脚蹬只能穿进两个脚趾的“三寸金莲”，头上的伤口处，用头巾严实地包裹住，只露出了两只眼睛。轿前，还按照当地妇女回娘家的风俗，安排了一个孩童随行。党支部派了两个同志当轿夫，一直安全地把他抬到山上。叶飞在山上治疗了一个多月，才养好伤，重返战场。

（本文选自《海峡都市报》）

任常伦——作战勇猛的抗日英雄

文/宗　和

任常伦（图片来源：新华网）

任常伦，1921年出生，山东省黄县（今龙口市）人。1938年冬，参加本村抗日自卫团，协助地方抗日武装站岗放哨，侦察敌情。1940年8月参加八路军，编入山东纵队十四团二营五连。1941年入党，先后参加战斗一百二十余次，九次负伤。1944年8月，被山东军区授予"一等战斗英雄"称号，同年11月在栖霞县长沙堡战斗中壮烈牺牲。

作战勇猛顽强不怕牺牲

在战斗频繁、激烈的胶东抗日战场，任常伦表现得十分突出，政治上积极进步，作战中勇猛顽强，冲锋在前，撤退在后，英勇善战，不怕牺牲。1940年12月，在掖县城南战斗中，任常伦负责往火线上送弹药。正当他扛着弹药冲上火线时，突然看见三名战友正和三个日军拼刺。他把弹药箱一放，冲上去抱住一个日军的后腰，将其摔倒，对面的战友趁势刺死这个日军。任常伦乘机夺过日军的步枪，回身刺死另一个日军。战斗结束后，营里决定把缴获的这支步枪，交给任常伦使用，以示对他的表彰。

获"一等战斗英雄"称号

由于在作战中的出色表现，1941年，任常伦被批准加入中国共产党，不久被提升为班长。1942年11月中旬，日、伪军两万余人，对胶东抗日根据地实行拉网式包围"扫荡"。部队投入艰苦的反"扫荡"作战。一天晚上，连长命他前去侦察部队突围方向。他机智勇敢地摸到敌人在包围圈设置的火堆前沿，用手榴弹砸死一个巡逻的伪军，抓获另一个巡逻的伪军。部队根据俘虏供出的情况，顺利安全地突出重围。

参军后，任常伦先后参加大小战斗一百二十余次，曾九次负伤，每次都是轻伤不下火线，重伤不叫苦，一直坚持战斗到底。1944 年 8 月，任常伦任副排长，出席山东军区战斗英雄代表大会，被选为主席团成员，并获山东军区“一等战斗英雄”称号。代表大会刚刚结束，他得知敌情后，日夜兼程赶回部队。此时，他伤口还没有完全愈合，肩膀里还嵌着敌人的弹片，但他坚决要求参战。

一仗刺死五个日寇

1944 年 11 月 17 日，阻击 700 多名日军进攻根据地的海阳长沙堡战斗打响了。任常伦奉命带领全排战士高呼着口号，向敌人发起冲锋，抢先占领了制高点。日军连续发起两次冲锋，争夺制高点，都被三排战士打退。日军见正面强攻不行，便抢占制高点左侧的小高地，企图以机枪威胁我团指挥所。任常伦见状，立即带领九班战士，迂回到小高地侧面，发起突然攻击，一举打掉了日军的机枪阵地，夺取了小高地。日军很快发起了反扑，先是炮击小高地，接着成群的日军向小高地发起冲锋。

残酷的战斗开始了。任常伦端着步枪，先击毙日军指挥官，又连续打倒三个敌人。九班战士勇猛顽强，以一当十，连续打退日军五次反扑。战士们的手榴弹用完了，子弹打光了，日军又发起冲锋。此时，任常伦坚定地对战士们说：“我们没有子弹有刺刀，人在阵地在！”说罢，他冲在前头，带领战士，同冲上阵地的日军展开了激烈的白刃战。激战中，他接连刺死五名日军，在自己也负伤的情况下，仍坚持战斗，终于打退了日军的进攻。

为守住阵地英勇牺牲

傍晚，日军再次对小高地发起反扑。战斗中，任常伦不幸被敌弹击中，身负重伤。他吃力地对战士们说：“别管我，守住阵地要紧，守住阵地就是胜利！”战士们对日军进行了猛烈攻击，打退了日军一次又一次的反扑。最终，日军不得不扔下二百五十八具尸体，惨败而去。任常伦因伤势过重，失血过多，在战地卫生所牺牲，时年二十三岁。

任常伦牺牲后，胶东人民在栖霞县英灵山上为英雄修建了陵墓，塑起了铜像，胶东国防剧团为英雄谱写了一曲颂歌《战斗英雄任常伦》，以永远纪念这位人民的战斗英雄。

（本文选自《宝安日报》）

矗立在胶东英灵山上的任常伦铜像（图片来源：中国军网）

死也不能倒下

文/郑晓艳　吕　航

著名的抗日英雄吉鸿昌最初在冯玉祥部当兵。他聪颖勇敢，胆识过人，打仗时总是冲在前面，被冯玉祥称之为“吉大胆”，很快成了西北军中的闯将，他所率领的十九师，成为西北军的王牌，公认的“铁军”。但在同红军的作战中，他的“常胜军”却屡战屡败，这引起了他极大的震动。红色区域的新气象和中华民族危机的加深，更引起了他激烈的思想斗争。

日寇在华北的进攻和蒋介石的卖国罪行，激发了吉鸿昌救国救民的思想。在共产党的影响下，吉鸿昌四处奔走，组织抗日武装，出任民众抗日同盟军前敌总指挥。他率领部队克康宝、占宝昌、取沽源、收多伦，给予日军自从发动九一八事变以来第一个沉重的打击，震惊中外。

就在同盟军计划进一步收复失地的时候，国民党蒋介石为了向日寇示好，竟然要瓦解同盟军，还同日军一起对同

吉鸿昌（图片来源:《沈阳日报》）

盟军展开了围攻。艰难时刻，吉鸿昌将部队改名为“抗日讨蒋军”，继续奋战，直至弹尽粮绝。

在实际行动中，他认识到共产党才是中国的希望。1934年1月，吉鸿昌参加了中国共产党，继续在天津进行抗日统一战线活动。11月9日，吉鸿昌被国民党特务刺伤。第二天，在医院被法租界工部局逮捕，“引渡”到国民党政府，九天以后押解至北平。

受过酷刑的吉鸿昌被押解上法庭时，伤痛掩盖不住他奕奕的神采，两道浓眉下，一双炯炯有神的大眼睛，射出锐利逼人的目光。

审判官问他为什么抗日，他大义凛然地说：“抗日是为了救国，这是四万万人民的事情，是最光明磊落的事情，有什么秘密？抗日救国是中国人民人人应知，人人能知的事情，哪里会有秘密？只有蒋介石和你们这帮狗奴才，祸国殃民，残内媚外，和日本暗中勾结，干些不明不白的勾当，这才有秘密，才见不得人。”他还阐述了共产党的抗日主张和他自己的抗日讨贼的决心。审判官哑口无言，改换话题问他为什么加入共产党。吉鸿昌义正词严地说：“对，我是中国共产党党员。由于党的教育，我摆脱了旧军阀的生活，转到工农劳动大众的阵营来。我能加入革命的队伍，能够成为共产党的一员，能够为我们党的主义，为全人类解放事业而奋斗，这正是我毕生最大的光荣，这正是我不同于中国一般俗流军人的所在……”他把法庭变成了战场，变成了对反动派的审判。

在狱中，不管敌人的拷打有多重，他都不叫苦，不喊痛，表现出了坚定的党性和钢铁般的意志。他向难友们宣传抗日救国的大义，希望有更多的人参加到抗日队伍中来。

1934年11月24日，吉鸿昌在殉难的这天早晨，从容地写下了记述他走向真理道路的遗书和致家人的信。最后时刻，吉鸿昌慢慢地披上斗篷，走出阴暗的牢房。在刑场上，他以手做笔，在雪地上写下了充满浩然正气的诗章：

恨不抗日死，留作今日羞。国破尚如此，我何惜此头。

他对特务说：“我为抗日而死，光明正大，不能跪下挨枪，我死了也不能倒下！给我搬张椅子来！”

端坐在椅子上的吉鸿昌对刽子手厉声说：“我为抗日而死，一生行为光明磊落，不能在背后挨枪。你在我的眼前开枪，我要亲眼看看你们怎样打死我！”

枪声响了，英雄的鲜血染红了大地。

（本文选自吉林人民出版社《永不褪色的红色故事》）

叶成焕——血染抗日战场的虎将

文/宗　和

叶成焕（图片来源：《宝安日报》）

1938年4月18日，朱德总司令专程从八路军总部赶到山西省榆社县郝北村，向一位烈士的遗体告别。这天，八路军第一二九师为这位烈士举行隆重的入葬仪式。烈士的灵柩缓缓地放入墓穴后，第一二九师师长刘伯承手握铁锹，铲起第一锹黄土，覆盖在灵柩上。接着，副师长徐向前、政委邓小平、旅长陈赓和干部战士代表，依次铲土，垒起了一座新坟。

这位烈士，就是叶成焕。

红四方面军著名战将

叶成焕是河南省新县郭家河乡吴河村人，1914年10月19日生，1929年15岁时参加革命，当年加入中国共产党。他在红军中历任指导员、营政委、团政委、师政委，多次率领部队打硬仗，打苦仗，立战功，是四方面军里一员著名战将。

1937年七七事变后，中国共产党和

国民党达成协议，把在陕甘宁边区的红军主力改编为国民革命军第八路军（后改称第十八集团军，仍沿用八路军番号）。四方面军第三十一军第九十二师奉命改编为八路军第一二九师第三八六旅第七七二团，当时二十三岁的叶成焕由师政委改任团长。

从红军改为国民党军队序列，叶成焕感情上总觉得别扭。他常深情地抚摸着怀里那顶破旧的八角帽……但是，叶成焕是一位党性观念很强的人，他很快地理解了国共合作抗日的伟大意义，于同年9月20日，按照党中央关于在太行山一带建立敌后抗日根据地的战略部署，带领第七七二团随旅部向太行山地区挺进。

初上太行山连打几个漂亮仗

10月19日，叶成焕率第七七二团到达平定县城以东的石门口。当时，日寇第二十师团、第一〇九师团正在猛攻晋东著名关隘娘子关，并已占领娘子关东南旧关等重要阵地；其主力一部经九龙关、测鱼镇等处，向正大路南侧山地西犯。该线国民党曾万钟军一部和武士敏第一六九师已被日军围困在旧关以南山地，娘子关告急，晋东前线形势十分危急。第三八六旅旅长陈赓命令叶成焕带第七七二团隐蔽集结于井陉南十五里的于家沟，伺机而动。

21日夜，天黑得像涂了墨。经常进行夜战的叶成焕，考虑与敌初战，决定抓住这个好时机，打敌人一个措手不及。他派副团长王近山带领第三营，进入地形复杂的长生口设伏。由井陉西犯的日军约一个中队，一进入长生口，就被猛烈的手榴弹炸得人仰马翻，失去了还手之力。这一仗，经过一个多小时的激战，毙敌四五十人，打胜了奔赴抗日前线的头一仗。

经过几次交锋后，叶成焕对日军活动的特点有了了解，利用其骄狂麻痹心理，又率部于10月26日至28日三天内，在河北省井陉县测鱼镇通往平定的七亘村连续两次设伏，出奇制胜，以小的代价取得了歼敌二百五十余人的战绩。

11月2日，敌第十二师团第一三五联队经黄岩底向昔阳进犯。叶成焕按照旅长陈赓的命令，率第七七二团占领巩家庄以东高地，准备伏击敌人。当日下午，敌人在第三八六旅第七七一团扼守的凤居阵地前受挫，向黄岩底河滩一带溃逃。

在敌人侧翼高地的叶成焕观察到敌人队形不整，人员密集，后退慌张，便果断地放弃原来伏击计划，命令部队集中火力，向后退之敌实施火力突袭。霎时，枪声骤起，打得敌人东躲西藏。鬼子军官驱赶士兵冲击，然而，日本兵的“武士道精神”终究抵不住子弹的袭击，不一会工夫，日军官兵约有三百人倒地毙命。

第七七二团初上太行山，在叶成焕指挥下，接连打了长生口、七亘村、黄岩底几个漂亮仗，打出了“老二团”的威风。

神头岭伏击战创奇功

刘伯承、邓小平继长生口诱伏战之后，于1938年3月，安排了一个更大的打击敌人的计划：以“攻其所必救，歼其救者”的战法，令第三八五旅第七六九团为左翼队，袭击黎城，引诱潞城的敌人来援；以第三八六旅为右翼，在潞城与潞河村之间的神头岭地区设伏，歼灭由潞城向黎城增援之敌。

根据勘察，第三八六旅旅长陈赓在神头岭地区给日军布置了一个“口袋”：以第七七二团埋伏于邯（郸）长（治）公路以北、神头以东高地及安南岭西北高地，实施主要突击；由辽县、黎城、涉县一带的游击队和民兵组成的补充团设伏于对面的鞋底村一带。

3月15日，天发亮了。叶成焕从望远镜里看到公路上尘土飞扬，敌人快要接近埋伏区。他立即向设伏部队发出命令：“注意隐蔽，准备战斗！”战士们设伏在距大路仅二十多米远的工事里。9时许，日军第十六师团部队并带第一〇八师团筐尾部队一个辎重队，前来救援黎城，前后是步骑兵，大车队居中，拉了几里长。敌先头部队进至神头村集结休息，派出骑兵搜索分队向第七七二团第一营埋伏地点搜索。眼看敌人骑兵就要踩到战士头上了，但由于部队伪装严密，敌人对眼前不远的工事根本没有发现。

不一会工夫，敌人的大队人马终于大摇大摆地钻进了八路军布好的“口袋”里。

这时的叶成焕，喊了声：“开始攻击！”顷刻间，战士们从工事里、草丛里跳出来，把一排排手榴弹朝公路上的鬼子砸去。随着撼天震地的爆炸声，神头岭区周围硝烟腾空而起，黄土裹着弹片四面横飞。日军的队形一下子变成了一条狂跳的火龙。“冲啊！”“杀呀！”战士们端起明晃晃的刺刀，漫山遍野地扑向鬼子。

就在敌我双方杀得难分难解之时，一阵喊杀声从天而降，埋伏在申家山的第七七二团第二营冲过来，将敌人切成数段。失去指挥的鬼子四处奔逃，被八路军战士一一围歼。神头岭伏击战，八路军第一二九师共歼日军一千五百余人。

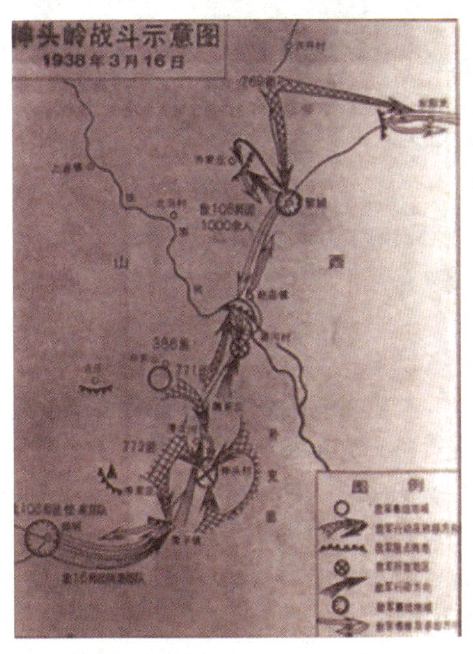

神头岭战斗示意图（图片来源：长治新闻网）

长乐村里将日寇拦腰斩断

1938年4月15日黄昏，陈赓命令第七七二团以一部兵力攻袭武乡城。占领武乡的三千多个日军在城里被八路军的游击战扰得惶惶不安。他们在八路军攻击前，仓皇弃城沿武（乡）襄（垣）大道向长乐村逃窜。

陈赓将部队分为左右两路：第七七二团、第六八九团在左，第七六九团和预备队在左路之后，沿浊漳河北岸与南岸的山地追击日军。叶成焕依照命令，指挥第七七二团先行。途中，侦察员跑来报告：“敌人先头部队已过长乐村，其辎重尚在白草延附近，马庄只有少数后卫部队。”此时，第七七二团已到达白草延对岸的郑峪村、张庄以北高地，

长乐村战斗遗址（图片来源：中国网）

与第七七一团两岸平行。叶成焕心想，这是急袭敌人的有利战机，若等敌人过了长乐村再打就晚了。叶成焕研究后决定：不待后续部队赶到，两团相对突击，将敌拦腰斩断。

16日拂晓时分，战斗在长乐村周围展开了。日军的辎重人马被压制在长乐村以西的型村、李庄、白草延、马庄一线的狭窄的河滩小路上，无法展开。敌人为了摆脱被动局面，向第七七二团发起了轮番冲击，企图占领要点，威胁八路军部队的侧后。叶成焕命令特务连抢先占领要点，集中火力对爬上半山腰的鬼子猛扫，打垮了鬼子的冲锋。战至中午，敌第一〇五联队三千余人由辽县经蟠龙赶来增援，向我主阵地实施反击。这时，叶成焕来到最前沿指挥战士们消灭敌人。激战两个小时后，辽县的敌人又派出千余人来增援。

为掩护主力部队撤退英勇牺牲

第一二九师师长刘伯承认为，眼下要全部消灭这股敌人没有多大把握，为巩固已得的胜利，决定以第七六九团和第六八九团各一部兵力在前线布成游击网，阻击和迷惑敌人，掩护主力部队撤出战斗。

叶成焕按照命令，及时组织部队撤离战斗，而自己却跟着撤在最后的一个排。他边往后撤，边用望远镜观察敌情。

敌人的援兵冲到沟下了，通信员提醒他说："团长，你站在高坡上危险，赶快走吧！""等一等再走，我在这儿看得清楚。"叶成焕没有动。

一颗敌弹"咻"地从他衣袖穿过，他没有在意。第二颗子弹带着尖叫声飞过来，打中了他的头部，他倒下了……

4月18日凌晨1时30分，叶成焕的心脏停止了跳动，年仅二十四岁。

长乐村战斗，歼日军两千二百余人，是第一二九师粉碎日军"九路围攻"中具有决定意义的一仗。这次战斗，日军第一〇八师团遭到沉重打击，不到半个月，各路敌军纷纷溃退，八路军乘胜追击，将敌人全部赶出晋东南地区。

（本文选自《宝安日报》）

安娥——在烽火中谱写飞扬的抗日战歌

口述/田大畏　整理/丁　洁

年轻时的安娥（图片来源:《大连日报》)

安娥（1905—1976），剧作家。原名张式沅，曾用名何平、张菊生，河北获康人。安娥1925年肄业于北京美术专门学校，同年加入中国共产主义青年团，随即加入中国共产党。翌年，在大连从事宣传、女工工作。1927年赴莫斯科中山大学学习。1929年回国，在上海中共中央特科工作，并开始诗歌创作。1932年，因中共机关遭破坏，安娥与党组织失去联系。1932年后，她在上海参加进步文艺运动，曾任百代唱片公司歌曲部主任。

抗日战争期间，安娥任战地记者，随丈夫田汉辗转武汉、重庆、桂林、昆明等地。抗日战争胜利后回上海，1946年起在上海市实验戏剧学校执教。1948年赴解放区，次年重新加入中国共产党。1949年后，安娥先后在北京人民艺术剧院、中央实验歌剧院任创作员。1956年因病失去工作能力。

主要作品有诗集《燕赵儿女》，诗剧《高粱红了》，歌剧《洪波曲》《战地之春》等，儿童剧《假佬佬》《海石花》，戏曲剧本《情探》(与田汉合作)，歌词《卖报歌》《渔光曲》《三个姑娘》《节日的晚上》等。

她是一位才情洋溢的作家，享有《渔光曲》《卖报歌》词作者的盛名；她是一位睿智机敏的女性，年仅二十四岁就从事中共特科的革命工作；她是一位勇敢坚毅的战地记者，抗日战争期间曾和美国记者史沫特莱共赴战区采访；她是一位温柔多情的女性，与著名剧作家田汉的爱情故事充满悲欢……

这位一生充满传奇经历的女性，她就是著名作家安娥。

神秘的左翼“红色女郎”

安娥原名张式沅，1905年出生于河北保定一个地主家庭。幼时的安娥最喜欢的游戏是念歌谣，《小白菜》《小草鸡》《直直腰》《说山西，道山西》《想亲娘》……似乎永远都念不完。在安娥的记忆中，曾经赴日留学、做过河北省工业学校校长的父亲张良弼整日把着书本，对哥哥们从不露个笑脸，只是有时对安娥谈谈诗文，偶尔还会教她唱一两句京戏。从某种程度上说，父亲充当了安娥文学上的启蒙老师。

少女时代的安娥就开始表现出追求自由独立的个性，十五岁那年，安娥干了一件惊世骇俗的事情。她在保定第二女子师范学校读书时，为了反对女舍监的压迫，带领全班同学罢课，离开学校到一个小旅馆里。这位还是安娥母亲结拜姐妹的女舍监，在学生们的罢课示威之下，被迫向校长跪下请求辞职。事后安娥也离开了学校，随父亲到北京读书。1923 年，安娥入国立北京美术专门学校西画系学习；两年后在学校加入了中国共产党，那时的安娥刚刚二十岁。从此，她开始为追寻自己心目中独立、自由、平等的人生道路而跋涉前行。

1926 年，安娥被党组织派往大连从事宣传和女工运动，后赴莫斯科中山大学学习。1929 年，安娥回到国内，在上海中共中央特科工作。时任国民党中央上海特派员的杨登瀛正暗中为共产党提供情报，陈赓奉周恩来指示，专门为杨登瀛设立了一个办事处，由安娥担任秘书。杨登瀛把四方汇拢来的情报全部送到办事处，由安娥仔细辨读，凡属有价值的情报就及时抄送陈赓，使地下党的许多干部化险为夷。此时的安娥在人们眼中是神秘莫测的。她有时穿着蓝布大褂，住在亭子间里，生活似乎很艰苦；有时又衣着华贵，打扮得格外漂亮，几乎使熟识的朋友也认不出来。安娥沉稳、机敏、不事张扬的性格颇能胜任诡谲多变的特工工作。而行踪神秘、危机四伏的特工生涯，不期然竟引出了安娥与田汉充满悲欢恩怨的爱情故事。

当时的南国社发起新戏剧运动，田汉在上海文艺界已经很知名，是一个各派都有关系、各派都要争取他的人物。中共地下组织为了争取田汉，派安娥与他联系。而安娥与田汉的交往便是从文艺活动开始的。安娥仰慕田汉的才情，协助田汉的南国社开展戏剧运动，还常常将自己创作的作品拿给田汉看。田汉主编的《南国》月刊编发了安娥创作、署名苏尼亚的小说《莫斯科》，小说描写了一位留俄女学生的真实生活。在王礼锡的回忆中，充满革命热情的安娥这一时期对田汉的影响是非常显著的。“田汉

年轻时的田汉与安娥（图片来源：《中国文化报》）

非常称赞她的思想，自认其思想转变与她有关。有一回，宁波某学校请田汉讲演，她陪伴同去，中途几次谈话，就使他的思想转变了。田汉是个性格很强的人，而他的个性竟为一个女性所降服，可见这位女性的魄力有多么惊人。”虽然蒋光慈、阿英、阳翰笙等左翼作家当时也对田汉产生过一定的政治影响，但在生活中，彼时的田汉和未婚妻林维中的感情出现了摩擦，安娥这位神秘的左翼“红色女郎”的出现，无论在思想上、艺术上还是情感上，都深深地吸引着田汉。这段时间，田汉与安娥的身影时常双双出现在左翼文艺活动中，一个风流倜傥、激情洋溢，一个娴静沉着、襟怀开放。1931 年 8 月，就在九一八事变爆发前一个月，他们的儿子田大畏降生了。

这一时期，安娥先后参加了“中国左翼作家联盟”“左翼戏剧家联盟”，她还是“苏联之友音乐组”剧联领导的“音乐小组”“歌曲研究会”及“大道剧社”等进步组织的成员，而田汉往往是这些进步文艺组织的发起人之一。安娥在这些左翼文艺活动中逐渐展示出自己的艺术天分和创作才华。因为常常和田汉在一起切磋艺术创作，她除了发表小说，也开始涉足戏剧创作和表演。特别是九一八事变爆发后，左翼剧联的反日演出活动极为频繁，“大道剧社”几乎每天都有演出。安娥凭借自己曾留学苏联、俄文较好的特长，将苏联作家拉普列涅夫的小说《第四十一》改编为话剧《马特迦》，上演后轰动一时。在《梁上君子》等剧中，安娥更是粉墨登场，扮演角色。虽然剧社的日子很清苦，有时每天只能吃两个烧饼果腹，但安娥和伙伴们的工作热情却丝毫没有减退。

频繁的进步文艺活动使安娥无暇照顾尚在襁褓中的儿子。一次，剧社要到苏州去演出，安娥情急之下只得把儿子寄养在朋友郑君里家中。此前，在感情上优柔寡断的田汉奉母命与林维中完婚。安娥不愿继续陷于感情的矛盾纠缠之中，无奈之下，将三个月大的儿子带回了老家河北保定，交给母亲抚养。老母亲坚决不允许安娥离开家，滞留在家乡的安娥真可谓“身心两地”，她潜心研究中国古代辩证法，编写剧本《复活》，研读《诗经》，并打算回上海以后用歌曲创作唤醒群众的抗日热情。夜深人静时，她常常给远在上海的文艺界朋友金焰、聂耳等人写信联络，关注着外面的世界。安娥的内心在苦苦挣扎着，作为一个接受新思想、追求自由独立的知识女性，她想早日回到上海投身革命工作；但身为母亲，嗷嗷待哺的孩子又羁绊着她的双腿。她甚至曾经两次狠下心来把孩子送到育婴堂去，但母亲的天性又使她旋即后悔，赶紧把孩子抱了回来。1933 年，安娥还是抛下了老母和幼子，再一次离别故土。

创作的救亡歌曲广为传唱

回到上海后，安娥继续从事特科工作。因为领导人姚篷子被捕叛变，她和党组织失去了联系。经作曲家任光的介绍，安娥进入上海百代唱片公司歌曲部工作。安娥不堪忍受三角恋的痛苦，骗田汉说，孩子死了。并接受了任光的爱，两人合作创作了大量旋律悦耳、意境优美的歌曲。此后的四年时间里，安娥为《女性的呐喊》《渔光曲》《卖报歌》《打回老家去》《路是我们开》《我们不怕流血》《抗敌歌》《战士哀歌》等进步歌曲和救亡歌曲创作歌词。其中一些优秀作品更是历经岁月的涤荡，至今仍在传唱。

《渔光曲》创作于1934年，由任光谱曲，是同名电影的主题曲。电影《渔光曲》在上海公映时创下了连映八十四天的纪录，在影片中多次出现的主题歌也随之传唱全国，家喻户晓。安娥在遣词炼句方面颇见功力，《渔光曲》的歌词既渗透着古典诗词的传统风貌，又糅合了现代生活语言的质朴清新，鲜明地描绘了渔村破产的凄凉景象。

安娥最著名的救亡歌曲当属创作于1936年、任光谱曲的群众歌曲《打回老家去》，简洁明朗、铿锵有力的歌词，唱出了当时不屈的中国人民最强烈的呼声。这首《打回老家去》响彻中国的大江南北，被认为是当时仅次于聂耳《义勇军进行曲》，最受广大群众喜爱的救亡歌曲之一。

安娥和聂耳合作创作的那首妇孺皆知、朗朗上口的《卖报歌》，还有一段广为流传的真实故事。当时，聂耳对上海霞飞路上一个卖报小姑娘悦耳的叫卖声非常喜欢，听着颇像一首动人的歌。这个小姑娘家境贫寒，全家就靠她卖报挣点钱以维持生活。聂耳很同情她，就决定创作一首《卖报歌》。聂耳把这个想法告诉安娥，安娥很快就写好了歌词。聂耳谱好曲后，找到卖报的小姑娘，当面唱给她听。小姑娘听了，高兴得拍手叫好，并说："聂耳先生，如果能把'几个铜板能买几份报'的话也能唱出来，我就可以边卖报边唱了。"聂耳回来就与安娥商量，安娥在歌词里添上了一句"七个铜板就买两份报"。后来，那位小姑娘真的一边唱歌一边卖报，报纸卖得又多又快。

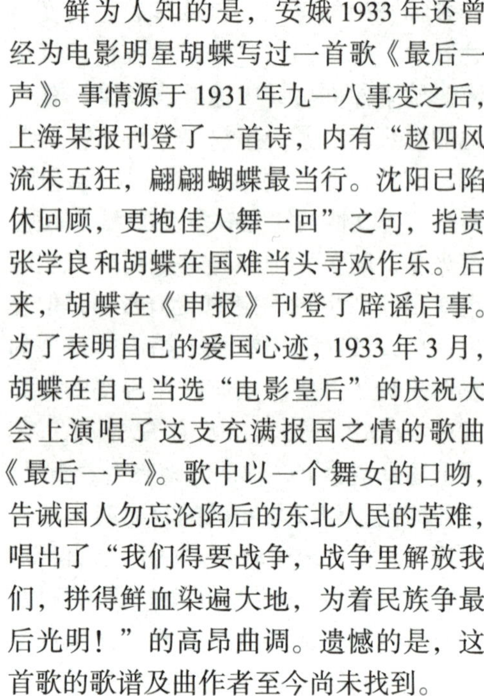

鲜为人知的是，安娥1933年还曾经为电影明星胡蝶写过一首歌《最后一声》。事情源于1931年九一八事变之后，上海某报刊登了一首诗，内有"赵四风流朱五狂，翩翩蝴蝶最当行。沈阳已陷休回顾，更抱佳人舞一回"之句，指责张学良和胡蝶在国难当头寻欢作乐。后来，胡蝶在《申报》刊登了辟谣启事。为了表明自己的爱国心迹，1933年3月，胡蝶在自己当选"电影皇后"的庆祝大会上演唱了这支充满报国之情的歌曲《最后一声》。歌中以一个舞女的口吻，告诫国人勿忘沦陷后的东北人民的苦难，唱出了"我们得要战争，战争里解放我们，拼得鲜血染遍大地，为着民族争最后光明！"的高昂曲调。遗憾的是，这首歌的歌谱及曲作者至今尚未找到。

为战时儿童保育会奔走

全面抗战爆发后，任光先后去巴黎和新加坡等地，在华侨中推动、组织抗日救亡歌咏运动。两人的感情生活画上了句号。安娥辗转来到武汉，先后担任"中华全国文艺界抗敌协会""中华全国戏剧界抗敌协会"理事，继续以极大的热情从事抗战歌曲的创作。其中有冼星海谱曲的《我们不怕流血》《山茶花》《战士哀歌》《抗战中的三八》《六十军军歌》等。那首激励抗日将士、威震敌胆的《六十军军歌》，是冼星海和安娥应云南妇女战地服务团之邀特意创作的，对开赴抗日前线的云南部队起了极大的鼓舞作用。

随着日本侵略者的铁蹄在中华大地上肆意践踏，无数平民流离失所、家破人亡，中华大地哀鸿遍野。在那个战乱的年代，连孩子也不能幸免，有的在日军飞机的轰炸下缺手断足，终身残疾；有的被日寇抓走，施以奴化教育，沦为侵略者“以华制华”的牺牲品。许多文化教育界人士看到此情此景，无比心痛。经过多方商讨，1937年冬，由沈钧儒、郭沫若、邓颖超、刘清扬、沈兹九等联络各党派及社会各界人士一百八十四人签名发起成立战时儿童保育会。安娥满腔热情地投入保育会的筹备工作中。此前，田汉与安娥邂逅于撤离上海的船上，安娥告诉他，孩子没死。在武汉，两人接触的机会更多了，爱情的火焰也再次复燃。

1938年3月，战时儿童保育会成立大会在汉口举行，社会各界七百余人参加了成立大会。冯玉祥将军的夫人李德全任主席，安娥作为保育会的发起人之一，在大会上详细报告了保育会的筹备经过。战时儿童保育会在炮火硝烟中成为无家可归的孩子们最安全的庇护所，使战时军民减少了后顾之忧，得以全力投入抗日救国的伟大战斗中。

当安娥在武汉的街头巷尾为战时儿童保育事业奔走呼号，甚至亲赴前线抢救、运送难童时，她的儿子田大畏和外祖母一家十多口人已匆匆逃离即将沦陷的保定，颠沛流离于河北、山西一带的逃难路途中。在街头做游戏时，年幼懵懂的大畏和小伙伴们常常唱起家喻户晓的《卖报歌》《打回老家去》，但他不知道这些歌的作者和他有什么关系，更不知道自己的亲生父母是谁。

1938年10月武汉失守，安娥和战时儿童保育会的两万多名孩子撤退到了重庆。在保育会中担任常委的安娥一方面积极为保育院筹集经费，营救儿童，一方面在当时报刊上撰文《孩子们到四川去了》《进步着的孩子们——参观重庆临时保育院》《抢救孩子去》等，向社会各界报道保育院的工作情况及孩子们的生活。她还创作了《战时儿童保育院院歌》《受难的孩子们》等歌曲。

田大畏（左）与母亲安娥（中）、外祖母合影（图片来源：河北青年报）

与史沫特莱共赴战地采访

1939年初冬，应莫斯科中山大学的同窗、第五战区政治部主任韦永成的邀请，安娥以《广西日报》战地记者的名义赴战区采访。从来没有做过记者的安娥，暗地里模仿自己曾经在报纸上读过的著名记者范长江的报道，将自己在战区的所见所闻写成多篇战地报道，寄给桂林《广西日报》发表；后来又整理成中篇报告文学作品《征途私感》《征途杂感》，连载于1942年的《广西日报》。这次访问的另一重大收获，就是创作了歌剧剧本《战地之春》，谱曲后出版了单行本。

1940年1月，安娥在第五战区鄂北防区枣阳前线采访时遇到了美国记者史沫特莱，正好新四军豫鄂挺进纵队的张执一同志来送俘虏，两位战地女记者便借此机会深入到李先念领导的鄂豫边区采访。

当时鄂豫边区抗日民主根据地正在开创阶段，新四军豫鄂挺进纵队刚在大洪山南麓、京山北部组建。两位战地女记者的到来，受到了纵队上下的普遍欢迎和热情接待。她们身着新四军的灰棉军服，与纵队领导李先念、陶铸及指战员亲切交流，一块行军，穿过日军封锁线，并有两次与日军相遭遇的惊险经历。一路上，她们边走边问，边听边记，辛勤而敏锐，愉快而兴奋。安娥除了进行采访，还为史沫特莱担任翻译。在战士们眼中，这位大名鼎鼎的《渔光曲》词作者，是一位很有才华、思想进步、性格文静而又刚毅的新女性。她还常常在晚会上为游击战士们演唱那首脍炙人口的《渔光曲》。

这段弥足珍贵的战地采访经历，后来被安娥写成日记体访问记《五月榴花照眼明》。这部共计八万余字的手稿，历经近半个世纪的沉睡与磨难，虽有少数残缺，但劫后幸存，终于在安娥过世十余年后与读者见面。在访问记中，安娥以细腻详尽的笔触和满腔的革命热情讴歌了新四军鄂中部队和游击区如五月榴花一样耀眼的光明，被视为“不可多得的报道新四军的力作”。

《渔光曲》成为“通行证”

1940 年夏末，安娥由第五战区司令部驻地老河口经安康到达陕南城固，终于见到了逃难至此的母亲、哥哥一家和儿子。目睹战火中无数家庭的支离破碎、流离失所，安娥这几年在作品中多次倾诉对家乡和亲人的思念，此次与亲人相见，安娥终于决定，把儿子带回重庆。

安娥和儿子从城固一路西行，到达褒城时，安娥母子正与大批旅客在车站等车，看着周围拥挤不堪的人流，不知道能不能挤上车。这时，一位拉“黄鱼客”的汽车司机将安娥母子带到一列开往成都的军车旁，正要上车时，却被一名军官拦住了。眼看军车就要开了，安娥情急之下把皮包里的战地记者证件拿出来，希望能得到军官的通融，但还是行不通。正在安娥一筹莫展之际，那位军官看见记者证里夹着一张名片，得知站在面前的这位女士就是《渔光曲》的作者，马上态度大变，连说“久仰久仰”，并热情地请安娥母子上了车。车队到达成都之后，军官又联系好另一列车队送安娥母子到达重庆璧山。安娥又惊又喜地对儿子说：“想不到《渔光曲》还能起这么大的作用，一路把我们送回了家。”

回到重庆后，多病的身体使安娥无法承担太多工作，经济上也很窘迫。贫病交加的日子，使安娥没有更多精力照顾儿子大畏的生活。1942 年，安娥到桂林，继续坚持文艺创作，并和田汉一起从事对逃难文化人的救济工作，为解决“四维剧团”的生计和演出问题奔走，并协助李德全到独山、河池前线救济难民。抗战胜利前后，安娥相继到昆明、重庆、上海。1948 年冬，经地下党安排，她与田汉从北平进入华北解放区，到达了党中央驻地河北平山。中华人民共和国成立后，她先后在北京人民艺术剧院、中央实验歌剧院从事创作。1956 年秋，因中风失语，丧失工作能力。

（本文选自《中国艺术报》）

到新四军去

文/陈丹淮　叶葳葳

战地服务团战友情深

到了1938年2月，八路军学兵队就要结业了。这时，王于畊和同学们都面临着新的选择。1937年10月，新四军在武汉诞生。新四军的成立，标志着南方八省红军健儿坚持的游击战争转入抗日救国的新阶段，是中国共产党抗日民族统一战线政策在南方结下的一大硕果。不少同学对这支抗日新军队很向往。学兵队领导也做动员工作，说新四军刚成立，急需大量军事干部，号召大家踊跃报名。本来一心准备奔赴延安的王于畊，现在倒有点举棋不定了。

纪白薇来找王于畊说悄悄话："咱们一起参加新四军吧？到南方去，有大米吃。"又说："你也是北方人，不喜欢吃大米吗？南方大米真的很好吃。"

王于畊爽快地接受了纪白薇的提议。于是两人一同去找女生队队长李伯钊大姐。王于畊十分坚定地向李大姐表示："报告队长，我们要去新四军。"

李伯钊问王于畊："你会跳舞吗？"王于畊回答："不会。"

"你会唱歌吗？"

"不会。"

"你会画画吗？"

"不会。"

"那你会什么？"

王于畊调皮地说："我会打鬼子！"李伯钊也笑了："不管你会不会，就去新四军吧。"学兵队共有七八十人报名参加新四军，其中女学员有十几名，包括杨瑞年、王于畊、纪白薇等。女兵被编成一个班，由杨瑞年任班长。这是第一批离开学兵队上前线的"学生兵"，他们出

发时受到其他战友们的热烈欢送。“再见吧，在前线上……”在激昂的歌声中，他们被簇拥着登上了由临汾开往风陵渡的火车。

王于畊和战友们乘坐是一节敞篷车，紧挨着火车头的后面。火车喷吐着黑色的煤烟，沿同蒲铁路向南行驶了一夜。天亮时火车到站，他们醒来整理行装，这时才发现每个人被子上都落着一层煤灰，人人都是大黑脸。带队的谢忠良副大队长提议，到不远处的黄河边上洗一洗。大家欢呼雀跃，一溜烟向黄河边跑去。

王于畊第一次见到巨浪翻滚的黄河，第一次实地领略到“黄河之水天上来”的气势。她没看够，对身边的纪白薇赞叹道：“这河面真宽啊！”

两位学兵队男兵在旁边一边洗着脸，一边加入了她们的话题。一位东北口音的高个子男兵爽朗地说：“你还没有看见长江，比这里的黄河宽得多。”另一位男兵说：“长江没有这里浪大。”接着又饶有兴致地说：“古人说饮马黄河，我们却在黄河边上洗脸。”大家都笑了。纪白薇与这个叫张鏖的东北老乡自报姓名，一聊就熟了。王于畊随即认识了另一位神情平和的男兵，他叫王传馥，苏州人。

王于畊一行坐大摆渡船过了黄河，在潼关火车站又挤进了一节闷罐车，向武汉行进。黄昏时分，火车到达郑州。大家又累又饿，等待买晚饭的人回来。王于畊和纪白薇在车站附近散步时，王传馥来喊她俩过去，说那边有个卖酒酿汤圆的，让她们先吃点东西。王传馥笑着对王于畊说：“这是南方小吃，你尝尝吧！”甜甜的汤圆散发着酒香，又暖热又好吃，王于畊第一次吃到这种小吃，立即赞不绝口。其他人都笑了起来，对她说：“南方好吃的东西多着呢，爱吃的话可以不想家。”

换了趟火车，大家继续前行，王于畊则坐在火车门边，整个下午不爱说话。一群破衣烂衫的难民从她眼前经过，谈话中清晰地透露了他们的保定口音。熟悉的乡音，令王于畊更加想家，那种国破家亡的痛苦再次涌上心头。家乡已落入日寇的铁蹄之下，乡亲已逃难至此，不知自己的家人是死是活？“越走离家越远了。”王于畊轻轻地嘟囔了一句。

历时长达七天的颠簸之旅，1938年2月下旬，王于畊和战友们终于抵达武汉，受到八路军办事处的热情接待。新四军军部于1938年1月6日迁往南昌后，由八路军武汉办事处代办新四军驻武汉办事处的工作。八路军武汉办事处特意举办了一场欢迎会，由邓颖超主持，博古发表讲话，联欢气氛格外热烈。

新四军军部战地服务团已于一个月前在南昌成立，团长朱克靖正在武汉招兵买马，亲自招收有专长的知识青年。对刚来的这批八路军学兵队队员，朱团长一个个找他们谈话，“过筛子”式地选拔人才。朱克靖团长一口气从这批学兵队员中挑选了王于畊、纪白薇、杨瑞年、王传馥、张鏖等二十人，“抢”走了近1/3。稍作休整，王于畊就随服务团向新四军军部所在的南昌进发。这次他们乘船走水路，没坐过船的王于畊、纪白薇等人都感到很兴奋，一上船就伏在船舷上尽情地欣赏江岸景色。

就在轮船汽笛长鸣，即将从汉口码头起航驶往九江那一刻，王于畊忽见远处跑来三个穿旗袍的女孩，一身学生装的打扮。就在船缓缓离开码头的时候，

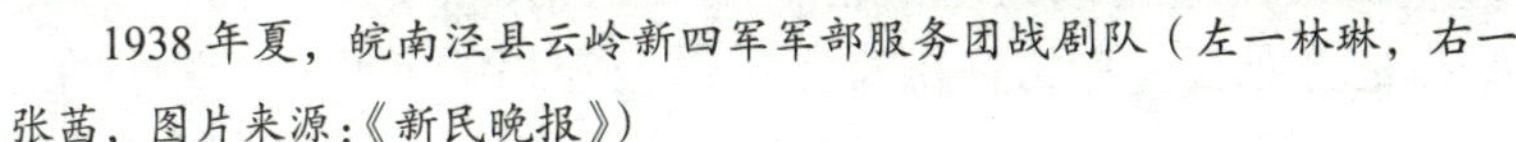
1938年夏，皖南泾县云岭新四军军部服务团战剧队（左一林琳，右一张茜，图片来源：《新民晚报》）

前两个女孩疾步通过跳板，如愿登上轮船。跑在最后的女孩年龄和个子最小，齐耳的短发，水汪汪的大眼睛。王于畊敏捷地从船舷上伸出手，接住她急切伸过来的手，使劲儿把她拉上船。三位女孩累得气喘吁吁，但都异常兴奋地望着王于畊这些身着灰棉布军装、年龄相仿的女兵们。

这是朱克靖团长新接收的三名战地服务团成员。上船时与王于畊牵手的那个女孩叫张掌珠，年纪不到十六岁。另外两个女孩，是她的同学林仪贞和丁剑影。这三个女孩，后在南昌填写战地服务团表格时，一起改了名字，张掌珠改为张茜，林仪贞改为林琳，丁剑影改为丁汀。

极富传奇色彩的一次牵手，开启了王于畊与张茜两位新四军女兵长达三十多年的倾心交往。

张茜等新成员上船后，班长杨瑞年很严肃地给王于畊交代任务："小王，你照顾小张。"还说："以老带新，是革命传统。"此时的王于畊，入伍不过三个多月。她刚来到学兵队驻地时，也是穿着旗袍，将羡慕的眼光投向身穿军装的"老兵"，并开始接受她们的照顾。现在，她也是"老兵"了，能够学着其他"老兵"的样子照顾起张茜这批新兵。张茜三人跟学兵队的同学们都集中在船上的"大菜间"，大家席地而坐，说说笑笑，笑声、歌声不时飞出船舱，在浩瀚的江面上回荡。入夜，明月从江中升起。王于畊静静地站在船窗前，看着江水静静东流，品味着长江的宽厚、磅礴，不由地回想到几天前见识过的另一条母亲河黄河，惊叹于它的咆哮，它的威猛。她想到了黄河、长江所哺育的中华民族的命运，想到了自己即将投入保卫黄河、保卫长江的伟大战争，不由得心潮澎湃，遐思无限。

观看空战

王于畊一行抵达南昌时，正赶上早春三月，到处是桃红柳绿的景象。军部安排他们住进一所中学的一间大教室，中间堆放着行李杂物，男兵、女兵各住一半。学校有个操场，可供他们每天操练。因天气变暖，王于畊和战友们很快领到了整洁的新军装，棉服换成了单衣。王于畊与战友们整队走过南昌街道时，受到群众的热情欢迎和围观。当时军部准许大家上街走走，但不许出远门。王于畊抓住这难得的休整机会，和纪白薇两个人一起上街，体验当地风土人情，还曾到过据称是蒋介石行宫的百花洲赏春踏青。

1938 年秋，在皖南泾县云岭军部服务团的六位女同志（前排中王于畊，后排左一张茜，后排右一李珉，图片来源：《新民晚报》）

这期间，战地服务团迅速壮大。延安抗日军政大学、陕北公学输送的人员陆续抵达服务团驻地。已被日军攻陷的华东地区涌来了一批又一批流亡学生，不少人加入服务团。在短短的时间内，服务团团员达到一百余人。

从七七抗战开始，日军的飞机一直在王于畊的头顶上盘旋、投弹，很多人被炸死、炸伤，她恨死这些嗡嗡作响的杀人机器了。到了南昌，日机仍然时常光顾。但是这里驻有苏联援华的航空大队，于是激烈的空战不可避免。

一天黑夜，日机突然来袭，刺耳的防空警报响起。王于畊所在中学操场下有个防空洞，很多人进洞躲避。王于畊走到洞边时停下了脚步，这时后面有人催她快走，她回头一看，原来是王传馥。王于畊拉住王传馥，轻声对他说：“别进洞，看空战！”王传馥赶快把王于畊拉上了防空洞顶，一起仰望天空。先是敌机嗡嗡地飞过头顶的夜空，后见我方十多架飞机腾空而起，直冲敌群。夜空中一团团银光忽明忽暗，上下翻飞。伴随震耳的轰轰炮响，一架敌机发出怪异的长嘶，拖着长长的白色烟带俯冲而下。

“打下来了！”王传馥激动地大喊一声，还拍着巴掌，脸上绽放出孩子般的灿烂笑容。敌机轰然坠地，炸得粉碎。接着又是一架，又一架……王于畊与站在防空洞外的所有人激动地喊着，鼓着掌，感受前所未有的酣畅淋漓。王传馥还不自觉地冒出一大串不知是苏州话还是上海话的方言，王于畊一句都听不明白。他大声说道：“壮观，壮观！今生第一次看到空战。”他还问王于畊：“你见过吗？”

王于畊注意到，此时的王传馥，一

改平时的矜持、安静缄默，不时地开怀大笑。空战结束，警报解除。张鏖、纪白薇也聚拢过来，黄河岸边结识的四位战友，又兴奋地围坐在操场上，继续享受胜利的喜悦。王传馥仍然滔滔不绝地发表高见。他说，现在我们靠苏联空军援助，将来我们会有自己的空军、海军，还有航空母舰……

1938年2月至4月，南方八省红军游击健儿集结、整编为国民革命军陆军新编第四军，简称新四军，共有四个支队、十个团，总兵力万余人。其中，新四军第一、二、三支队的六个团在皖南歙县岩寺镇集结。4月，新四军军部从南昌移师皖南歙县岩寺。王于畊所在的战地服务团百余人也一同抵达岩寺。

岩寺位于黄山南麓，是徽风徽派、雅韵欲流的皖南历史古镇，历史上曾经是“鳞次万家，规方十里，阀阅蝉联，百昌辐辏”的繁华之地。一条大河从镇边流过，河水清澈，杨柳垂荡。一个白石头大桥横跨两岸，把河两岸连为一体。王于畊一到这里，就喜欢上了这个典型的皖南水乡。早晚休息时间，她常与战友们在河边散步，在桥上说笑。

战地服务团的人员来自各地，都是文化青年，说话南腔北调，只有王于畊讲的是标准的普通话。服务团下设戏剧、民运、歌咏、绘画、舞蹈等几个组，王于畊分在戏剧组。戏剧组组长是山东莱芜人李增援，他上过上海美术专科学校，读过南京国立戏剧专科学校话剧本科班，参加新四军前排演过曹禺的《日出》、易卜生的《玩偶之家》等戏剧。王于畊在女师读书时擅长中文，文学功底扎实，李增援很器重她。戏剧组到达岩寺后，开始排演新的抗日剧《送郎上前线》，很快忙碌起来。李增援安排王于畊写演出日记和通讯，不久便亲自教她写剧本。

在岩寺的新四军部队经过短暂的整训后，开始陆续北上，进入抗战前线。4月28日，第二支队副司令员粟裕率先遣支队的两百多名指战员率先出发，向苏南敌后挺进。第一支队在陈毅司令员率领下随后跟进，以“寇能往，我亦能往”的气势，穿过日军封锁线，在苏南建立抗日根据地。第三支队奉命留在皖南，在东起芜湖、西至铜陵的长江以南地区与敌作战。服务团一部分团员调前线作战部队，其中包括王传馥和张鏖，还有几个年纪比王于畊还小的“小鬼”。团部为他们组织了一个盛大的欢送会。团长朱克靖宣布每一位调走的团员时，战友们都热烈鼓掌。会场里，战友们高喊着口号，还齐声高唱“到前线去，大伙儿在一起，驱逐我们的敌人出中国去……”气氛非常热烈。

忽然有人提议，请王于畊代表大家致欢送词。王于畊没有推辞，爽快地站起来，满怀慷慨悲壮之情，大声倾吐着发自肺腑的感言。她既羡慕这些战友们将要去前方对敌作战，却又怀着一片依依惜别之情。她想尽量清晰地说下去，最终还是激动得眼角浸满泪水，难以控制住情绪，在战友们的热烈掌声中结束了讲话。

分别的时刻终于来到了。离去的战友挥手告别，奔赴前方。王于畊和战友们列队相送，整齐地歌唱：“到敌人的后方去，把敌人赶出境！……”歌声雄壮激昂，在皖南的青山绿水间久久回荡。

（本文选自人民出版社《三个新四军女兵的多彩人生——回忆母亲张茜、王于畊、凌奔》）

驰骋晋绥“女太君”
——民族女英雄李林

文 / 王宝国

月明平鲁

一进雁门关，李林听到了有党组织人员北上的喜讯，她们加快脚步，到雁门关下的阳明堡镇（属代县），与这些同志相遇，他们是牺盟会雁北游击司令部司令梁雷、政治部主任赵仲池、老红军团长刘明生（刘华香）、柏玉生、王平（王默平）、任晨。

梁雷等同志看到李林等人时感觉有点突然。李林一行人风尘仆仆，一看就知不是农村老乡。他们对来人询问之后才知是北线返来的同志。“我是李林。”梁雷等同志目光集中在来人中唯一的女同志身上，她就率先作了自我介绍，加之她虽经长途跋涉却欣喜若狂，精神饱满，大家就更加注意她。

梁雷等人北上的目的，除了公开的牺盟会身份外，党赋予的使命还有组建党的雁北特委。其任务是在雁北地区开展抗日游击战争——在北同蒲铁路以西地区发展游击武装，创建抗日游击根据地。这对于李林来说，实属梦寐以求。“当我得到了那消息的时候，我发狂似的高兴，我兴奋着我们又将步出雁门关外了！”（李林致中央妇委的信）但是，按照梁雷、赵仲池等同志的意见，李林因是女同志，和他们中其他因身体等原因不便北上的同志一起南下，参加太原地区的牺盟工作。李林绝不放过这次机会，她一再请求，不管赵仲池等人怎么讲，她都有充分的理由要求北上。梁雷、赵仲池等人看到李林真诚坚定的态度，经研究，就同意了她的要求。

1937 年 9 月 20 日，她们从阳明堡出发，先乘坐一辆破旧的大轿车，后来步行。李林和大家一样，身上都背着枪支弹药及一些行李。大家知道李林是个南方城市姑娘，大学生出身，担心她能否挺得住，都提出替她背一程或替她分背一些东西，却被她谢绝。步行了一程后，大家都腰酸腿困，不由得坐下休息，抬头看李林时，没想到她不但没有坐下，而且连身上的步枪和子弹带都没有卸下来，正满不在乎地举头望着当空一轮明月。这夜正是中秋节——李林望着月亮，触景生情，忽然引吭高歌：

我的家在东北松花江上，
那里有森林煤矿，
还有那漫山遍野的大豆高粱……

随着李林的歌声，大家不由自主地起身，一同望了一会天上的明月，豪情顿生，疲困顿消。李林在这启程的路上，就受到同志们的信任和赞佩。

跋涉之苦自不必言，一路所见，满目荒凉，令人沉重。但他们知道，正因为国难当头，民生维艰，才需要她们撒

播抗战的火种。一行人在信念与精神的支撑下，经一天一夜跋涉，走完两百六十多里路，于第三天来到平鲁县城。

平鲁，秦代为武州塞地，西汉置中陵县，北魏改为畿内地，唐设保大栅，明建卫，清雍正三年复置平鲁县。这里，也是自古以来的抵御外敌的要冲。现在，再一次面临外敌入侵的危亡时刻，再一次出现保家卫国的英雄。不同的是，现在出现的抗敌力量中有一个伟大的政治组织，还有来自南洋的华侨女大学生。

日军不断逼近的消息使小城往昔的秩序荡然无存。旧政权不打自散，以往骑在人民头上作威作福的官老爷们早已逃之夭夭，全城百姓人心惶惶，一片混乱。李林一行人在这时候到来，对于平鲁城百姓来说，不啻是救星来临。当她们进城还未来得及休整之际，平鲁人便奔走相告："红军来了！"一传十，十传百，人群迅速涌进县政府院子，一时间，政府院子喧闹起来。有些老人激动之余，竟在她们面前跪下磕起头来。李林见此，赶紧扶起老人们，请群众找来一条长凳，她一下跃上凳子讲起来："父老兄弟姐妹们，日本人欺侮到我们的家乡来啦！咱们怎么办？当亡国奴？不！咱们誓死不当亡国奴！现在，共产党、八路军来啦！来领导咱们老百姓自己起来打日本，把日本帝国主义赶出中国……"

临末，她强调要建立群众自己的游击武装，要踊跃参军积极抗日，她说到"我要打日本，我还有我手里的枪呀"时，她将手中的六五步枪有力地举起来。李林以出众的口才、富有激情的表达，把党组织的抗战信念准确适时地传递到群众中。不少人听后流下感动的泪水，可见群众对党组织产生了极大的信任。李林演讲后，当即就有侯六、茹西财、贾瑞等十六名青年报名，参加抗日游击队。由此，党在平鲁的群众工作肇始于此，而大学生女兵李林的印象，也深刻地烙印于平鲁人心中。身穿灰军装的李林讲演开始后，群众从声音中才听出她是个女的。平鲁妇女鼓励女孩子时往往"请"出李林来："看人家李林是个女的，多有出息。"

在李林一行人到来之前，已经有中共党员、牺盟会特派员屈健带领若干青年先期到此。他们当时正在平鲁城附近的三里庄工作，听见群众纷纷传说："红军来了！"他们立刻进城，不期与李林一行人会合。会合后，赵仲池、梁雷、屈健、李林、刘明生、柏玉生等人，在牺盟会雁北游击司令部的组织形式下，根据上级指示，又组成中共晋绥边特委，也称雁北特委。

9月下旬，大同敌军日益逼近，临近平鲁的右玉县威远堡沦陷。特委把城里的群众疏散到乡下，就开始了在农村组建游击队的工作。而与特委一行人以牺盟会雁北游击司令部名义同来的阎锡山旧部人员七人，则公开主张全体退回太原。于是，司令部成员在平鲁城西部的达达井村召开会议，我特委干部与之展开了一场辩论。李林最为坚决地反对退回太原的论调："我们来这里干什么，就是要打鬼子，与雁北人民共存亡，共患难，日本帝国主义一天不消灭，我们就一天不离开雁北！"接着，特委成员相继发言，批驳退回太原的主张是临阵脱逃。辩论之后，司令部大多数人选择了留下。

李林（图片来源：新华网）

决死四纵队暂编第一师部分领导人合影，前排中为李林（图片来源：《山西日报》）

偏关支队

9月26日，日寇占领了平鲁县城。10月1日，井坪镇（后来的平鲁县城）沦陷。紧接着，10月2日，八路军一二〇师宋时轮支队痛击日军，先后收复平鲁县城和井坪镇。

这时，李林、梁雷等人率雁北游击司令部转往偏关县。偏关旧县长临敌逃跑，我方接管县政府，梁雷担任县长，偏关县政府成为抗日机关。留在平鲁的同志趁我军声威大震、群众抗日情绪高涨之机，组建起雁北游击司令部所辖的第一支抗日武装——平鲁游击队。刘明生为队长，屈健为指导员。李林、梁雷方面在偏关县也组建了偏关支队，梁雷兼任队长，李林担任政治主任，参谋长王零余。平鲁游击队后改称雁北抗日游击队第七支队，李林他们的偏关支队为第八支队。这支队伍兵员将近两百人。

两支游击队诞生的这段时间为1937年10月至12月。八支队建立过程中，李林亲自为八支队找定了营房，布置营地，上课训练，做了从始至终的实际工作。李林就成了八支队的实际指挥员。建立和指挥八支队的过程，她在后来给中央妇委的信中有过记述：

在我们第二次到雁北的时候，因为敌人进攻得猖獗，武装汉奸以及清乡队活跃得厉害，加上各县政权已空虚，我们觉得要在这地区开展工作，要在这地方存在，非有自己的武装力量不可，因此我们决定第一步的主要工作是创造武装。

大家决定让我担任武装工作。不，开始的时候，许多同志不赞成，不让我负武装的责任，他们总以为一个女的干武装工作多少有点不合适。但我自己对这工作好像有些自信力，又有兴趣，同时觉得在这时候妇女也应该有学军事的必要。我坚决地要求，大家没有办法，答应了我在偏关发展该地的游击工作。

的确，武装工作是困难。因为没有更多的干部，政治、军事都要一个人负责；更因为过去没有军事的经验和常识，仅仅受过几个月的训练，所以开始虽只有十几个人的游击队，但已经够我忙活了。我常整夜睡不着觉，想着他们的管理问题，计划着他们第二天的军事操练、政治课以及生活各方面，真是煞费苦心了！一直到后来，来了一个军事干部，我们这一支队工作才健全些，而且以后更成了其他支队较有基础的主要模范支队。

七支队、八支队这两支新生的游击队，在雁北地区的左云、右玉、平鲁、朔县、山阴、怀仁活动，逐步形成一个较为稳定的抗日根据地。1938年2月，八支队在掩护特委机关安全转移到平鲁县境内后，在平鲁的西山区经过了一段整顿，成为一支能征善战的军队。

3月，大同敌军后宫师团一万人趁我八路军一二〇师主力转战同蒲铁路北段之空隙，南下攻陷晋西北山区宁武、神池、五寨、岢岚、河曲、保德六县城。3月15日，内蒙古伪军李守信趁机进攻偏关，李林与王零余率八支队掩护梁雷所率县政府人员向平鲁靠拢，途中被这场突然袭击的敌骑兵打散。梁雷及若干同志在偏关的百家嘴村被包围，壮烈牺牲。

游击队被打散时，李林提出让王零余带领剩余部队到平鲁与七支队会合，她自己留下聚集走散的队员。王零余不同意，说："敌人还没有撤，你一个人留下太危险。何况你是个女同志……”李林一听，有些生气地说：“我跟你一样，是个共产党员、抗日战士！”李林以熟悉地形为理由，坚持留下，王零余只得让步，他退下一梭子子弹，默默地交给李林，离开偏关。李林不畏艰苦，不懈努力，又把失散了的游击队重新组织起来，同时悼念战友，鼓舞士气，八支队很快恢复。不久，八路军一二〇师主力南返救援，又夺回七座被占县城。李林率领游击队随同主力部队进入偏关城，偏关人民高兴地看到，走在最前面的就是“李政委”。

“顽皮女太君”

5月，李林率领八支队奉命北上，挺进到绥远所属的丰镇、凉城、厂汉营一带，开辟绥南根据地。途经右玉县威远堡遇敌，李林带领三十名战士截击了敌人。到杀虎口附近的田成村，她们发现村口有一座土碉堡，碉堡后面一个大院子里有一百多匹马——这是一个伪军中队的马桩，而现在有一个排的伪军在驻守。李林率领部队突然袭击，杀伤大量敌人，残敌逃跑，她们夺取了这批战马，八支队扩大为一支步骑兵混合支队。有了马，李林就学骑马。她本是一位南国姑娘，从未接触过马，但她硬是在一路北上之中把那匹最强悍的菊花青驯为她后来驰骋疆场的勇猛坐骑。李林从战马身上发现了自己——她爱兵，爱枪，爱马。这以后，她驯服并骑用过多匹精良的战马。

到了内蒙古的麦胡图、厂汉营，八支队再次成功袭击了敌据点。

1938年6月，成长起来的雁北各游击支队奉命改编为八路军一二〇师独立六支队。其中，原八支队与五支队，因原八支队的骑兵成果而为独立六支队的骑兵营。晋绥边特委根据李林的志向，特分配她担任这个骑兵营的教导员。

7月中旬，为了恢复和开辟绥南抗日工作，特委组成绥南工作团，骑兵营受命护送工作团北上绥南，并确保他们完成任务后返回右玉县南山区。由右玉的杨家山到绥南的二十边村共一百四十里，他们一夜急行军，乘夜穿过鬼火沟，突破封锁线，把工作团送到二十边村；连夜又从二十边村东进，赶到两百里外大同口泉附近的长流水敌据点，激战半小时，歼灭该据点日伪军九十多名，缴获大量枪支弹药，马上又返回二十边村。然后，在护送绥南工作团回雁北的路上，李林又率领骑兵营顺便袭击平绥路上的红沙坝车站，把鬼子一个小队打得落花流水。

北上南下，一路行来，胜仗连连。李林的仗打得勇猛，打得顽强，打得潇洒。“女游击队长”李林的名声在敌军中广为传颂，日军称她为“顽皮女太君”。

牺盟会雁北司令部和中共雁北特委所建立的这块雁北抗日根据地，位于敌人心腹地带，是对敌人的极大威胁。因此，大同敌人不断调集日伪军“扫荡”这块根据地。李林所在的新六支队配合兄弟部队一次又一次粉碎了敌人的“扫荡”。这支部队转战雁北各地，接连取得许多重大胜利，李林以骁勇善战的女英雄而名震塞上。敌人发布公告，悬赏五千元蒙疆币捉拿李林。不久，李林的人头再次“增值”，五千元蒙疆币改为五千大洋。

（本文选自山西古籍出版社《民族女英雄李林传》）

曾被遗忘的红色娘子军老战士

文 / 胡续发　王　仪

20世纪20年代初的乐会四区（大致相当于今天琼海市阳江镇），光明和自由成了进步青年的热切追求，进步思想在悄然传播。符月雅的家乡——乐会四区大同乡冬尾村（今天阳江镇龙山村），在全琼崖较早成立农村党组织大同党支部，秘密开展党的活动。

1927年琼崖“四二二事变”后，王文明等琼崖党组织领导人撤退到乐会四区宝墩村，召开群众大会，揭露国民党反动派的滔天罪行。同时开展军事斗争，打击敌人的嚣张气焰。宝墩村紧邻龙山村，革命烈火在龙山周围一带熊熊燃烧。

其时，符月雅正值少女时代。家乡出现的新思想，深刻影响了她革命人生观的树立，给她指明了今后的道路。

此外，使得符月雅坚定走上革命道路的，还有一层关系——那就是她的丈夫黎家德。早在幼年时，符月雅就受父母之命，与大她八岁的黎家德结下婚约。黎家德是个革命青年，先后参加了少年先锋队、赤卫队。1929年，他正式参加琼崖工农红军，次年在红军独立师第三团任排长。不幸的是，1931年秋，黎家德在母瑞山的一次战斗中牺牲了。

就这样，受革命高潮和丈夫的影响，1931年2月，刚满二十岁的符月雅参加红军，成为一名光荣的革命战士。

打起仗来都不要命

起初，符月雅参加的并非红色娘子军连，而是在阳江镇文魁岭村红军医院当护士。这个农家改成的医院，条件非常简陋。在那个战事频仍的时期，伤病号多，护理工作量很大。但是她手脚勤快，工作认真负责，受到上级领导和病号的好评。

符月雅的命运在1932年的春天有了改变。

成立于1931年5月1日的中国工农红军第二独立师第三团女子军特务连，亦即后来大众所说的红色娘子军连，到1932年的春天时已是声威大震。那时，乐会四区形势急转直下，敌人重兵“围剿”，琼崖特委、琼崖苏维埃政府被迫撤离乐会四区，转战琼东四区。

要求参军的妇女越来越多，加上形势变化，于是琼崖特委决定扩编特务连。1932年春，特委决定将原女子军特务连从乐会四区调往琼东四区，保卫琼崖特委、苏维埃政府、红军独立师师部，归红一团建制；从中抽出第二排，招收进步女青年、红军女战士扩编为女子军第二连，归红三团建制，留在乐会四区。

两个连共四个排一百四十人。

1932年夏，为了替丈夫报仇雪恨，表现突出的符月雅获得组织批准，正式加入女子军特务连，成为二连二排三班的一名战士。根据当时局势，二连的任务是配合红三团拔除国民党九曲、中原、学道、上科等当地国民党民团炮楼，主要负责保卫乐会县委、县苏维埃政府机关，巩固革命根据地。而落到符月雅身上的具体任务是负责看守红军监狱，防止犯人越狱。

女子军特务连二连成立后的第一次激烈战斗，在文魁岭村一个名叫瘪头山的地方打响。当时，琼东县国民党当局纠集重兵，向乐会县委和县苏维埃政府机关所在地文魁岭进攻。由于情况危急，红三团主力避敌锋芒，保卫两大机关撤离。同时命令女子军特务连二连和部分红三团战士，阻击来犯之敌。

刚刚组建不久的二连姑娘们个个奋勇杀敌。未曾料想受到强大阻击的敌人，见久攻不下瘪头山，最终悻悻地退兵回巢。符月雅记得很清楚，全连姐妹总共才七十来人，平时每天训练都很刻苦，打起仗来都不要命，敌人被打退后，姐妹们高兴极了。

更惨烈的战斗在两个月后打响。敌人在飞机、大炮的配合下，大肆进攻母瑞山革命根据地。为了打开战事局面，红二师一团、女子军特务连一连在师长王文宇的率领下，强渡万泉河，与红三团、女子军特务连二连会师。敌人岂能坐视不理？前有阻击，后有追兵，红军一路损兵折将，红二师政委、参谋长相继牺牲。

那段艰苦卓绝的岁月，深深刻在符月雅脑海里。她记得当时很久没饭吃，饿得一点力气都没有。用舌头舔一舔腌过的辣椒，肚子里才感觉有些东西。冷了、下雨了，只能拿树叶裹在身上。敌人经常搜山，白天晚上都没法睡觉……

面对极其残酷的环境，王文宇和乐会县委、县苏维埃政府负责人决定解散女子军特务连。1933年1月，王文宇亦不幸被捕，几个月后英勇就义。

娘子军身份恢复得偿夙愿

然而，符月雅红色娘子军战士的身份，多年都未能得以确认。琼海市民政局认为，2002年9月出版的《红色娘子军史》和2007年6月出版的《红色娘子军研究》两本权威著作里，都没有符月雅的名字，为慎重起见，不予认定其红色娘子军战士身份。

2011年8月，琼海市多个部门经过认真研究、多次讨论，最终确认符月雅的红色娘子军战士身份。

（本文选自《海南日报》）

世纪老人符月雅，2011年被琼海市政府确认其红色娘子军战士的身份（图片来源：《海南日报》）

龙丛袭敌

口述/吴志煌　整理/崔　玉

1949年初春，在旌德、绩溪两县交界的崇山峻岭中，活跃着一支我党领导的敌后武工队。这支队伍共二十余人，负责人为许家璜，主力队员有陈观有、吴志煌等。当时武器装备只有两支短枪，十余枚手榴弹和几支打猎用的土铳。为了保存力量，壮大自己，他们隐藏在东坑的深山密林中。

当时，皖南山区国民党的武装反动气焰极为嚣张，他们经常抓丁抢粮，鱼肉乡民，老百姓受苦受难，义愤填膺。为了狠狠打击敌人，武工队按照中心县委书记胡明同志的指示精神，寻找战机，主动出击，消灭敌人。3月的一天，一个地下交通员报告：东坑山外有一个班的伪军要于第二天上午路经龙丛去外乡驻防。武工队得到这一情报，许家璜连夜召开敌情分析会，会议开到深夜。此时，虽是阳春季节，但到了深夜，不禁寒气袭人。然而，队员们心里像揣着一团火，群情激奋，气氛热烈。大家围着一盏油灯，靠着石块垒起的桌子，分析敌情，研究作战方案。许家璜首先说："同志们，目前，我们这支枪支短少、弹药也不足的队伍，怎样才能消灭这股武装齐备、枪弹充实的敌人？这个仗怎样打？请大家谈谈自己的想法。"队员们都争先恐后各抒己见。有的说要发动当地群众参加战斗；有的说要出其不意，攻其不备，对敌人来个袭击战。三个臭皮匠，顶个诸葛亮。经过大家出主意，献计谋，最后，许家璜决定打伏击战。并做出作战具体部署：由许家璜负责选定伏击地点，陈观有和吴志煌负责组织发动当地的骨干群众，隐蔽在山林高处呐喊助威。安排停当后，这支武工队便连夜分头行动。

第二天，天刚蒙蒙亮，山里还笼罩着一层薄薄的雾气。龙丛山上，树木葱郁，鸟语花香，呈现出一派春意盎然的景象。山林的洼地深谷，显得格外静谧清新。然而谁能料到一场惊心动魄的战斗就要在这里发生。龙丛山高林密，地形复杂，便于隐蔽，是个易守难攻、适合打伏击战的地方。许家璜率领的二十多个武工队员就埋伏在这龙丛村口的险要之处，山的高处隐蔽着五十余名群众。

山雾刚刚消退之后，山路的远处

隐隐约约出现一溜黑影，它渐渐地由小变大，越来越近，越来越清楚。武工队队员们屏声静气地数着："一、二、三……"正好十二个人。伪军们穿着一身黄皮，歪戴军帽，斜挎着枪，优哉游哉地向这边走来，为首的那个高个子伪军，带着四川口音哼着黄色小调，后面几个伪军听后发出了阵阵狂笑。他们做梦也未想到自己已经钻进了武工队布下的伏击圈，成了瓮中之鳖。敌人正在得意忘形的时候，许家璜猛地举起短枪，大喊一声"打!"队员们便朝着伪军开枪射击。接着，陈观有、吴志煌甩出手榴弹。霎时，枪声、手榴弹爆炸声响成一片。这时，埋伏在山上的群众也齐声呐喊："打得好，打得好，缴枪不杀！缴枪不杀！"伪军们被这突如其来的射击打得晕头转向，惨叫着连滚带爬地躲到路边的石包后面负隅顽抗。此时许家璜紧紧地盯着大个子伪军，当他从石包后面刚刚露出头时，许家璜用枪朝他一点，"砰"的一声，那个大个子伪军的脑袋开了花。其余的伪军见势不妙，边开枪边后逃。这时，许家璜手一挥，说："冲啊！"顿时，武工队员像猛虎一样向山下冲去，伪军吓得扔下枪支弹药仓皇逃跑了。

这次战斗只进行了一个多小时便胜利结束了。除了打死一个敌人班长，还缴获长枪十二支，手榴弹二十六枚，子弹三百余发。而我武工队员和群众却无一人伤亡。武工队员高兴地扛着战利品回到东坑大本营。这时，已是红日高照，金色的阳光洒满大地。

这次龙丛袭击战，是旌绩敌后武工队的一次较大规模的战斗，也是一次以弱胜强的战斗。

（本文由旌德县新四军历史研究会供稿，特此鸣谢）

桃竹山中话当年

口述／李熙洲　李保林　李仁祥　整理／陈礼恒

在临武城东北六十里的地方，有座高山，山叠着山，峰顶着天，崎岖险峻，这就是桃竹山。桃竹山是骑田山脉的一峰，从底下往上看，就像是从天上吊下来的一样，所以又叫作“天吊岭”，它与麻田、黄茅两座大岭紧紧相连，要是从山脚走到山顶，足有十五里，虽然是山路迂回，然而陡坡处还是多数。你可别以为这样的崇山峻岭中，相伴而来的是荒无人烟。相反的，这山上可住着不少人家，三家两户的到处是，要是群众工作做得好，这正是兵家所说的“进可攻，退可守”的好地方，十年内战时期，党就在这里开辟了红色根据地。

党始终在领导我们进行革命

从1928年到1929年，贺辉廷等同志先后就义，共产党在临武的地下组织被破坏，湘南农民武装转移到了井冈山。就在这时候，党派了黄平同志来到岱下山的纸厂，与第一批被组织起来的人见了面，从此他就经常来往于临、宜、郴边，发展组织，成立了“湘粤赣边区游击队”。1931年10月间，黄平同志来到斗水坪，住在李土林、李圆圆等同志家里，在这里吸收了李旺才等三十多人加入共产党，成立了党的支部，李旺才同志担任支部书记。1932 年 1 月间，由黄平同志率领人马配合红四军，攻打桂阳城，并由李旺才同志做向导，因此后来地主萧化周对李旺才恨入骨髓，勾结反动头子欧冠、欧阳子山，狗腿子唐东才等带领重兵驻在安源，然后把斗水坪的八个当权派请去了，胁迫交出李旺才同志。这些人为了保存自己的狗命，便派了李太旺等人回斗水坪，假说“有一句话要李旺才去安源对证一下”，李旺才也以好汉态度——一人做事一人当，就这样进了虎穴，第二天（1934 年 2 月 22 日）早晨，李旺才同志在接龙桥被害。从这次起义失败后，黄平同志暴露了身份，暂时离开斗水坪，这边的工作便由谷子元、李林等同志接着干下去。

当黄平同志到斗水坪一带工作时，1931 年江辉子同志以做纸工人的身份来到了大窝里一带，从事发展组织工作。以后谷子元和李林等同志也来了。谷子元等同志是 1934 年来到桃竹山的，一直到 1939 年党的地下组织被破坏，李林同志去新四军，谷子元同志才离开这里，另行开辟根据地。

谷子元同志在这一带五年，他贯彻执行了党的方针政策，发动群众、组织群众、打土豪、杀劣绅、抗征、练兵、扩大红军队伍等。在这里发展了二十多名党员，成立了羽山支部、烟竹塘支部、桃竹小组，由李熙秩同志担任区委书记。经常在大窝里、通木岭、拌泥湖等地召开会议。

当红军去

由于第一次大革命的失败，大家都懂得了必须用革命的武装来反对反革命的武装，因此扩大红军队伍成为十年内战时期很重要的一环。在党的领导下，桃竹山区很多优秀的工农子弟，如李和堂等同志，从 1935 年在坪石、梅花迳口一带参加了李林同志所领导的“红军游击队”，其中有十四岁的李保林同志。“当红军去！”成了青年人当时崇高愿望，《送郎当红军》成了当时最流行的歌曲。

在扩大红军队伍的同时，又对国民党进行了“抗征”。国民党反动派在红军长征后，又想做一次“围剿梦”，到处抓丁，想驱使人们替他们当炮灰。党在这时领导了人民进行“抗征”，李林同志在群众会上说：“你们被抓壮丁的，可以走到我们那里去，我们也招兵。”李熙秩同志当时的公开身份是保长，可是他一个兵也不抓，一个丁也不送。国民党问他为什么不送兵，他说：“我这保没有兵可送。”当时为了“抗征”，群众还唱出了“不是壮丁不懂理，政府命令不公平，又派钱来又抽丁，人财两空好伤心”的歌来。

准备武装起义

毛泽东同志在 1928 年 11 月 25 日就提到过“边界的斗争，完全是军事的斗争，党和群众不得不一齐军事化”（见《毛泽东选集》一版一卷，67 页），因此在当时的斗争形式，除了输送青年人到红军游击队外，还需要有地方武装有赤卫队。于是在 1937 年冬临武的党组织决定练兵，唐昌友等十多人就曾在桃竹山前的晒谷坪上，由谷子元同志亲自领导，晚上冒着严寒练武，李熙秩同志以保长的身份，以“高山匪多”为借口向伪乡公所请求每五户造一支枪自卫，想

用合法手段来获得武器，可是不等答复，李熙秩同志就被捕了。经过一年多，于1940年8月在宜章城被反动派所害。其他同志有的牺牲了，有的走了，有的被抓了丁，计划失败了。

打土豪杀劣绅

在十年内战时期，土豪劣绅，反动透顶，用重加地租等方法欺压农民。

在根据地内，土豪们还经常勾结反动政府，企图破坏共产党的组织，如乌云洞的李铁古、杨柳寨的何年春等，就是这些家伙。何年春三番五次到匪首肖亮那里要求派兵“围剿”。农民当时对这些家伙恨极了，要求“打土豪，分田地”，党根据这一情况，为了有利于革命活动，决定有重点地对极个别罪大恶极的分子予以严惩。打土豪杀劣绅的行动就在党领导下进行了，当时被打的土豪有上古村的陈生太、石牛水的胡昌古、乌泥洞的李铁古、寨背的何富拐和杨柳寨的坏分子何年春等人。

智过高明铺

在那个艰苦的岁月里，搞宣传不是那样容易的事情。需要一种印刷工具，又不可能像现在这样，可以从从容容地在壁上写写画画。那时要开展宣传工作，除了用口以外，就只能依靠从外面运回一些印刷品。当时经常由李长太同志在坪石挑宣传单回来。1935年正月里，李长太在坪石“公诚信”（党的地下联络站）挑了一担宣传单、标语回来。

那位同志再三叮嘱他：“可千万不要丢了，印刷这东西的同志都冒着千危万险，深更半夜搞的，再说一张传单贴了出去，就等于向敌人射出一颗子弹。”天还没亮，李长太同志挑着这一担东西越过岗哨，到平远围吃的早饭。

已经过了立春，大地有着丰厚的春意，天气也较暖和，可是路上却很少见到来往的行人，李长太同志感到有些不妙。确实是这样，快到焦溪时，就听说国民党反动派的一班人在高明铺盘查过往行人，行李总要翻成个乱七八糟。这怎么办？一边走，一边在想。毁了它吧？不行！得来不易。那个同志讲的话又在他脑海中浮现出来了。往前走吧？搜查出来连性命都会丢掉，印刷品更会被毁。走弯路吗？无路可弯，只有一条上山的路，插翅也难飞过去。边想边走，还没想出个妥当办法，已经快到焦溪亭了。抬头一看，一乘轿子，两个卫士已经进了亭子，把他吓了一跳。再看，轿子好像很沉重，两轿夫喘气不停。他心生一计，硬着头皮也进了亭子。

李长太一进亭子，假装借火吸烟，和轿夫搭讪着，两个卫士也瞪着他。一个轿夫开口了：“哎！就是轿脚吊的行李太多了，抬起直喘气，再这样，今天可别想赶到临武城。”

另一个卫士接上来问李长太说：“你挑到哪里去？”“我到泗溪。”“轿脚这个铺盖卷搭到你那里，跟我们走到泗溪你走你的。”这可中了计了。

上路了，前面是轿，后面是卫士，他在中间，一行人马到了高明铺，伪军举枪阻住，喝问是谁，一个卫士把名片交了上去，一看，原来是临武伪县长杨闿宣的外甥，这些伪军马上立正。平安地过了高明铺，很快就到了泗溪，他把铺盖一放，便朝回家的路上走了。

（本文选自内蒙古远方文化出版社《临阳拾遗》）

无微不至的老首长

文/唐　南

1944年2月，广东南路党组织派我和林美齐、林华明三人到琼崖，参加琼崖抗日独立纵队，和琼崖人民一起进行革命武装斗争。当时，我们凭着一股革命热情和不怕苦、不怕死的无所畏惧的精神，跟着勇敢机智的交通员，冲过敌人层层封锁线，战胜种种困难到达澄迈县六芹山琼崖纵队总部。

琼崖抗日独立纵队司令员兼政委冯白驹同志亲切接见了我们。然后，琼纵政治部副主任陈石和我们谈话，分配我们的工作。他简要说明当前海南抗战形势与任务后，接着说："第四支队在党的领导下，马白山支队长和陈青山政委都是军事、政治素质好，德才兼优的指挥员。这支部队英勇善战，在武器装备精良的残暴敌军面前，在极端艰苦困难的恶劣环境下，都没有被吓倒，经得起考验，是一支无坚不摧、战无不胜、全心全意为人民服务的英雄部队。现在组织决定分配你们去该支队工作，希望到那里后，学会用'从群众中来，到群众中去'的工作方法，善于在实践斗争生活中努力学习军事、政治，总结经验，力求提高自己的水平，锻炼成为优秀的人民战士，为抗日战争和中国人民解放事业多做奉献。"

我们听完指示，当即表示："一定遵照执行，决不辜负首长的期望。"

次日，随即赶到四支队部报到。陈政委因下部队未遇，马支队长热情接待，叫勤务员加以照顾，交代我们好好休息，准备参加训练。当时支队部领导机关驻在儋县大青乡附近的深山中，所属部队分布在儋县、临高等地区活动。这时日军仍在琼崖各地推行"三光"政策，经常出动"扫荡"，"围攻"我军和民主政府，屠杀群众，奸淫妇女，无恶不作，妄图扑灭抗日军民。斗争环境非常恶劣，部队物资供给条件很差，干部战士过着十分艰苦的生活。

支队领导人和一般干部战士一样，住的是用小木条和芭蕉叶或茅草搭成的临时棚子，穿的是破旧衣服，吃的是每餐每人一两个拳头大的饭团，几钱重的一小块肉，甚至有时仅用芭蕉秆或野菜

冯白驹（图片来源:《解放军报》）

马白山（图片来源：海南史志网）

琼崖抗日独立纵队用过的武器（图片来源:《海南日报》）

充饥。但大家情绪都很高，任劳任怨，积极工作，勇敢战斗，毫无怨言。马支队长担心我们一时过不惯这种艰苦生活，常跟我们谈心，问长问短，以我军的优良传统启发引导我们认清形势和暂时的困难，其他同志也讲战斗故事和英雄事迹，使我们深受教育，坚定了胜利的信心。

培训班开学了，马支队长亲自给我们作动员报告，传达训练计划、内容、方法和目的要求，强调搞好训练的重要性，让大家讨论，提高思想认识和勤学苦练的自觉性。陈政委负责政治课，讲解我军宗旨，军政、军民、官兵上下一致的原则，政治工作，民主制度，三大纪律八项注意，革命修养。郭壮强同志当军事教官，实施具体科目训练。唐承尧同志带领我们边学边用，参加警卫、站岗放哨与敌战斗。由于安排训练内容切合实际，方法灵活，首长言传身教，大家学到不少实用知识，圆满完成受训任务，为做好今后工作打下良好基础。培训结束后，我奉命去一大队二中队当文化教员。

临走时，马支队长说："二中队军政干部配备较强，何敦锦指导员是模范政治工作者，望互相学习，总结经验，发挥政治工作威力，把部队建设得好上加好。"不久，传来林美齐、林华明不幸先后牺牲的消息，我心情悲痛，马支队长写信安慰我，说："你两位亲密战友，生前在工作战斗中表现很好，现在为人民的利益而牺牲了，是重于泰山的，应化悲痛为力量，继承他们的遗志，更好地工作和战斗，以夺取抗战最后胜利来纪念他们。"

马支队长是军事作战指挥员，对政治、文艺工作也很重视。1945 年夏末，我调到纵队政治部歌剧团工作，他知道后，在百忙中抽空写信鼓励我，要我认真学习贯彻毛主席在延安文艺座谈会上的讲话精神，运用文艺武器，教育战士，鼓舞斗志，杀敌立功，揭露敌人罪恶阴谋，打击消灭敌人，为加强部队建设服务。1948 年 5 月，我在第一总队一支队二大队当政委，在解放乐东战役千家公路战斗中，不幸身负重伤，到第五总队医院留医，因缺少医药，拖了较长时间，不能治愈伤患，不能起身走路，很苦恼。早已调往纵队总部工作的马白山、陈青山两位老上级，知此情况后，便叫人招我回纵队政治部休养。不久，伤口基本愈合，我要求归队参加秋季攻势行动，组织领导不同意，决定让我去军工局当局长兼政委，组织技术力量全力搞好军火生产，支援前线。我不同意，坚持要求重返前线部队工作，马白山便从在后方搞好军火生产，支援前线作战，解放海南，解放全中国的全局战略出发，耐心地说服开导，使我愉快地服从调动。到了军工局，我牢记老领导的教诲，团结同志，努力工作，完成了上级交给的任务。1950 年 5 月下旬，马白山同志率部追歼国民党逃敌，在路过红毛乡时通知我："守在榆林三亚的残敌已被歼灭，全海南宣告解放了，你们应做好准备，到海口参加欢庆海南解放胜利大会。"

我永远怀念老首长马白山同志，他对我们的关怀培养是无微不至的，他对部属、下级总是以深厚的阶级感情相待，从来不摆架子，十分和蔼可亲，平易近人，生活上艰苦朴素，处处以身作则，给我们留下深刻印象。

（本文选自海南史志网）

淮海战役中解放军用猪肉粉条劝降国民党两个师

口述／张学才　整理／张学奎　张栋修

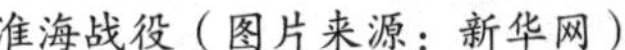

淮海战役（图片来源：新华网）

1948年12月，淮海战役进入最后阶段。

2日下午，家住萧县杭子村，时年十九岁的我正在村后拾柴火，被两个离队到村上抢东西的国民党兵抓住，不由分说，两个大兵把子弹袋子都套在了我的肩上，逼迫我为他们做事。此时，华东野战军已把杜聿明集团三个兵团铁桶似的围在了以青龙集、陈官庄、李石林为中心的狭小区域内。

杜聿明集团从徐州逃跑时，规定每人带七天干粮，却在陈官庄地区被华东野战军围困了近四十天，断粮断炊，于是便抢老百姓的小麦、杂豆、山芋。到后来，把拖大炮的骡马都杀掉煮了吃，最后，只得到田野里挖麦苗、毛草根，扒冻坏的红薯，捡拾干红芋叶充饥。

老天也和他们作对。1948年12月中下旬以后，北风刺骨，大雪飞舞，天气出奇的寒冷。蒋介石虽然每天派飞机空投食品，但对于几十万大军来说却是杯水车薪，无济于事。为了抢食空投的大米、馒头、饼干，国民党军打架，甚至动刀动枪自相残杀的事也不断发生。抓我的那个连队只发了十四个馒头，连长、排长层层克扣，到了当兵的手中，每人只有大拇指那么一丁点儿。

由于缺乏吃的，又大多在旷野里露营，许多士兵都冻饿而死。他们脸色发黑，身躯僵硬，也无人过问，其状惨不忍睹。解放军在加强军事进攻的同时，从 12 月中旬起也配合以政治攻势，采用喊话、劝降、释放俘虏、宣传弹、宣传牌等方式瓦解敌人斗志。许多劝降书、劝降信，解放军采取多种形式散发到敌军阵地。

我在青龙集东南庙台子国民党军队的工事里，经常能听到东南方向解放军阵地上用手摇发电机带的大喇叭播出的劝降广播。有华东野战军和中原野战军联合向包围圈内的敌全体官兵发出的劝降信，有毛泽东主席写的《敦促杜聿明等投降书》，奉劝杜聿明、邱清泉等人“体恤部下和家属的心情，爱惜他们的生命，别再叫他们作无谓的牺牲了”。

解放军和国民党军阵地相距较近的地方，解放军就用自制的铁皮、纸筒广播，向敌方阵地喊话：“蒋军弟兄们，解放军已经把你们包围得像铁桶一样，你们再也逃不脱了。”“希望你们再不要替蒋介石卖命了，立即停止抵抗，放下武器。”“愿意当解放军的，我们欢迎，想回家的，发给路费……”

解放军开饭的时候，便敲着瓷碗和搪瓷盆向敌军阵地上高喊：“蒋军弟兄们，开饭了，这儿有做好的猪肉粉条，雪白的馒头，欢迎你们来吃饭。”解放军的炊事人员少，忙不过来，就发动后方的民众帮助蒸馍、做菜。

我的家乡杭子、胡楼、张老庄等村庄几乎家家户户磨面、蒸馍、做饭，民兵、民工肩担车推，顶风冒雪，不怕敌机轰炸，不怕敌人冷炮的袭击，将饭菜送到十多里外的解放军阵地。他们只知道这些饭菜是送给亲人子弟兵的，让他们吃饱了好消灭敌人，哪里晓得解放军还会派上更大的用场。看着香喷喷的饭菜，解放军官兵宁愿自己少吃一点，也

美国记者镜头下的淮海战役（图片来源：新华网）

淮海战役中的支前小推车（图片来源：《解放军报》）

想方设法通过战壕、交通沟把饭菜送到离敌人几十米的前沿阵地，放到战壕上面的土坎上。

饿极了的蒋军士兵不顾生命危险前来抢食饭菜，有的甚至一鼓作气跑到解放军阵地，加入解放军的行列。残酷厮杀的沙场，解放军竟给敌方送去望眼欲穿的食物，这在古今中外战争史上也是罕见的。解放军送过去的是饭菜，更是真情和温暖，融化了国民党军官兵敌对情绪的坚冰，也使他们下定了不愿再打内战的决心。

一次，解放军吃午饭时向国民党军阵地喊话："对面的弟兄们过来吃午饭了。"姓刘的老兵带着三四个士兵不顾命地向对面跑去，一军官端起枪就要打，旁边的几个士兵一齐求情："长官，您就叫他们逃个活命吧！"军官方才住手。

解放军兵不血刃，采取攻心战术，为国民党军送饭的做法既削弱了敌人的抵抗力量，又减少了我军的伤亡，瓦解了国民党军的斗志。他们纷纷弃暗投明，有的部队甚至成班、成排、成连地向解放军投诚。我也在不愿为蒋家王朝卖命的机枪班班长耿全忠、上等兵张万香的带领下撤出工事逃回了家乡。

从1948年12月16日到翌年1月5日的二十天中，就有1.4万余人向解放军投诚，约等于敌军两个师的兵力，在数量上削弱了敌军，为解放军尔后全歼当面之敌创造了条件。

（本文选自中国军网）

徐州军民热烈庆祝淮海战役伟大胜利（图片来源：《江苏经济报》）

两大“法宝”骗鬼子

文/杜　颖　王莉雯　张　玲

从事琼崖地下工作的吴以怀（1961年摄于榆林，图片来源：中国新闻网）

他是怎么被选中的？

吴以怀1920年出生在琼西。墩头四面环水，一条内河自南向北从村庄逶迤而过，注入大海。1926年创办的昌江二小和始建于1938年的琼西中学，都是在琼西地区十分有名气的革命人士史丹一手创立的，不少年轻学生从这里走上了革命道路。吴以怀就在这样的环境下成长起来。

吴以怀的“革命导师”是史丹和马白山。在昌江二小读书的吴以怀心中最敬重的师长就是这两位革命家。

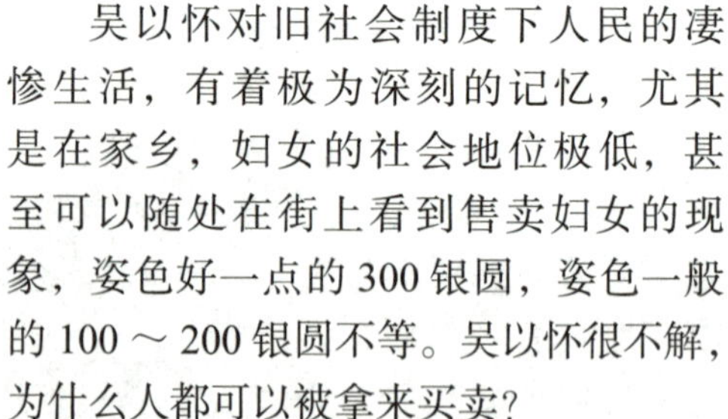

吴以怀对旧社会制度下人民的凄惨生活，有着极为深刻的记忆，尤其是在家乡，妇女的社会地位极低，甚至可以随处在街上看到售卖妇女的现象，姿色好一点的300银圆，姿色一般的100～200银圆不等。吴以怀很不解，为什么人都可以被拿来买卖？

二十世纪二三十年代，吴以怀的家乡反封建运动开始兴起。吴以怀在昌江二小上学时，常常向学校的孩子们教导反压迫斗争。史丹开始注意到吴以怀这个孩子，是因为一次与地方封建势力的

斗争事件。

那是1936年，当时昌化港附近山上有一块大石，石头形状酷似人形，当地一些迷信的人朝它祭拜，认为这是“神山老爷”，可以保佑当地老百姓“长命百岁”。但每次祭拜，上山实在太难了，于是一些搞迷信的人打算把“神山老爷”请下来，安放在庙里，叫游村。当地有封建习俗，“神山老爷”面部尤其是鼻子万万不能碰，否则就招灾惹祸，大难临头。可吴以怀和他的同伴都不信这些，在“迁神”过程中，吴以怀和同学一起，走了五公里路，挑衅“神山老爷”，硬是冲了上去，摸了鼻子。“你们找死！要造反呐！”面对辱打，吴以怀等几名学生对封建派的威胁无动于衷。

“有这种胆量，可以好好培养。”史丹和马白山从那时开始关注这个有胆量的娃娃。

不久，吴以怀被发展入党，那时他只有十六岁。

成功“潜伏”

抗日战争的暴风雨很快来临。1939年下半年，日军向墩头、新街、港门等地疯狂“扫荡”，处处搜村、封锁、杀人，三地被日军控制成为敌占区，形成了白色恐怖。吴以怀等进步学生和老百姓一样，都被迫向外逃难。

这一年年底，中共昌感县委在面前海成立了由县委直接领导的特别党支部，县委书记是陈克文，吴以怀成了支委委员。

党在扩大队伍、扩充力量的过程中，急切地需要有人从相对富庶的港门、新街敌占区一带运送物资出来，支持抗日。陈克文看准了吴以怀，决定派他潜伏进入敌占区，获取情报，并争取从内部打破白色封锁，运送军需物资出来。

组织上对吴以怀进行了三年左右的考察。要进入敌占区的地下工作者，不光是要有胆量，还必须脑子灵活，懂得随机应变；且要求入党年限相对较长，对党忠诚度高；同时，最好又是本地人，这样便于熟悉地形，不容易暴露身份。

吴以怀当时正是综合了上述优势，但是陈克文也说到了一番话，并给了吴以怀一样东西，让吴以怀深刻理解了此番进入敌占区，是要将性命悬于一线进行革命的大事。陈克文给了吴以怀一把短枪和六发子弹，说：“这把枪的含义不言而喻，一是在紧急情况下防身使用，另外更重要的一点……”“我明白，一旦身份在敌占区暴露，或万一被发现，就要开枪自尽。”吴以怀说。

组织当时还交给吴以怀一项审查敌占区党员的工作。日军侵占后，敌占区内的朱植夫、黄湧、吴孔章等党员与党组织失去了联系。吴以怀此行任务中，还要寻找到这些党员，重新建立起敌占区党小组。

吴以怀是以一个“混混青年”的模样重新回到敌占区的，顺利进入的“法宝”之一，就是手里攥着一本《大东亚共荣圈》的亲日杂志。

按照书记陈克文的意思，为了取得长久的安全居住，吴以怀在敌占区想方设法领了“顺民证”。当时日军为了保证“顺民证”不被共产党人使用，会将申办人的面部、身上的一些特征性的表述都记录在证件上。吴以怀的后脖颈有一颗痣，这颗后脖颈的痣都没有被日军错过。这让吴以怀的心里也捏了一把冷汗。

但有了这样的两件“护身法宝”，日

军对吴以怀的搜查果然放松了警惕。一次，一个日本军官看到吴以怀手中拿着杂志，点头冲他微笑了一下，用日语说了一句“好样的”，在他的证件上写了“好男儿”。

墩头、港门隔港相望，被日寇诬蔑为“匪村”的墩头村老百姓要去港门，必须经过据点设立的网哨搜查，过往群众经常遭受日军拳脚相加和辱打，吴以怀凭借着这“两宝”在敌占区开始频繁活动，联络同志。

暗语：“太阳下山，快收衣服！”

几番调查了解后，吴以怀帮助恢复了暂时与党组织失去联系的朱植夫、黄湧、吴孔章等人的组织关系，在敌占区建立起了地下党小组。之后在敌占区不断发展党员。1940～1942年发展的新党员有李永安、王安怀、周业贞等十二人。

1942年前后，党员开始频繁在敌占区开展地下活动，发动群众成立了青抗会、妇救会等秘密组织，吴以怀带领党组织通过青抗会、妇救会等发动群众捐款，购买军需物资。

更多的时候，他们以开设的“日华茶店”为隐蔽点，开始了“白皮红心”的地下工作。

茶店白天正常营业，甚至也接待过日本兵，但从雇员到服务员都是党员，组织信得过的人。为了麻痹敌人，了解到日军喜欢喝浓咖啡的习惯，他们在敌占区茶店里做起了泡咖啡的生意，一时间还招揽了不少顾客。但夜里，这里便是传递红色信息的“根据地”。

经过长时间的“运作”，吴以怀让党员周业贞到港门维持会当秘书，让抗日家属吴家通在墩头当了保长，还有几名党员也被安插在港门、新街当保长。当时大家都有明确的分工，为党组织侦察敌情，通风报信，观察敌人的一举一动。而吴以怀就带领其他党员，根据送来的情报，制定克敌运送物资的对策。

在敌占区的工作，一切联系都是“单线”的。

1940年6月18日党小组遭遇到了一次危机。当天夜里，吴以怀通知了新街的戴泽运、墩头的吴孔章、港门的周天予深夜11点在剪半园村杨其荣家中开会，布置工作。但很快听到一阵急促敲门声。

吴以怀打开门，是周业贞托人送信，字条上完全是暗

1984年东方墩头村琼纵老战友合影（二排左一为吴以怀，图片来源：中国新闻网）

1950年吴以怀、许桂英结婚照（图片来源：中国新闻网）

语:“太阳下山，快收衣服！”这是报警的暗语，意思是鬼子今晚要进村巡查。

情况突然变得紧急，吴以怀当机立断发出“单线”通知:“天下雨，不能晒鱼！”用暗语取消了当晚的会议。

当时的地下工作中，吴以怀等人定期变化暗语。比如：用“大鱼”“小鱼”来形容敌人的多寡；用“下雨”和“不下雨”来暗示周围是否有敌人；还有询问是否有盐巴。暗语都由吴以怀发出指令，再单线通知出去，吴以怀并不认识他传递暗语之外的共产党员。

即便如此谨慎，提前接到了信号，18日当晚，吴以怀还是在出村路口的小茶店拐角处被日军搜身，一双手臂从身后紧紧拦腰抱起。

日军从吴以怀的口袋里摸出了他一直带在身上的《大东亚共荣圈》，盘查过后，用手电光在他脸上晃了又晃，抱住他的那双手臂才松开，放了行。脱险后，吴以怀迈开脚步，镇定地朝前走去。

就在一片白色恐怖下，吴以怀等党员坚持在敌占区发动群众巧夺敌人物资，支持抗战。

1941年夏天，在吴以怀的配合下，短枪班击毙了新街大汉奸卢汉川。根据吴以怀送出的准确情报，琼崖抗日独立总队带领群众夜袭日寇的三井洋行，缴获了大量步枪、布匹。吴以怀在敌占区还组成了缉私队，在近海截缴日军运粮木船，缴获粮食数千斤，一度令鬼子昼夜不安。1942年，因身份暴露，吴以怀撤出了敌占区，从此转战正面战场，开始了另一番革命的戎马生涯。

（本文选自《海南日报》）

“没了左手还有右手可以打”

口述/孙正法　整理/马　振　朱华庭

1928年8月，我出生在墙头镇孙家村，1949年1月在东北参加中国人民解放军，编入第三十九军一一五师司令部警卫营，驻扎在吉林，守卫东北边境。

1950年6月25日，朝鲜战争爆发，美国纠集英法等十五个国家，以联合国名义干涉朝鲜内战。10月19日，我们三十九军，跨过鸭绿江，第一批入朝参战。急行军三天，进入朝鲜温井地区，我们一一五师的任务是配合朝鲜人民军在东线阻击美军向鸭绿江边推进，粉碎联合国军企图在感恩节（11月2日）前占领整个朝鲜的梦想。在朝鲜战场上我参加第一次战斗是在入朝后的第五天。部队刚到达元山，天就下起了大雪，我们立即冒雪修筑工事。在工事修到一半时，突然天空一群敌机黑压压飞过来，顷刻间山上到处都是爆炸声，火光冲天。随后敌人一个团的步兵开始进攻我们刚修好的阵地，一场激烈的战斗，在元山阵地上打响了。敌人开始不知道阻击他们的是中国人民志愿军，第一次碰到火力很猛、作战非常勇敢的部队，被打得晕头转向，伤亡惨重。敌人为了挽回元山失败，又组织了一次反攻。这次敌人接受了上次的教训，先用火炮和飞机同时轰击我军阵地，企图摧毁我军工事。但我们一一五师采取避强就弱的打法，白天敌人轰炸时部队全部隐蔽在坑道里，天黑以后，敌人的飞机大炮没了目标，部队就向敌人发起进攻。养尊处优的敌人没了武器上的优势，哪里是志愿军的对手，立即溃不成军，结果第二次战斗又以敌人

1950年10月19日，中国人民志愿军雄赳赳、气昂昂跨过鸭绿江，赴朝参战（图片来源：《今日象山报》）

志愿军某部指挥员在上甘岭坑道口指挥作战，阻击美韩军向北推进（图片来源:《今日象山报》）

的失败而告终。

第一次战役结束后，第二次战役中第九兵团三个军投入作战，打得更加勇猛。我们从东线追歼敌军到西线，配合第九兵团阻击北援长津湖被包围、切割的敌军。仗打得很激烈，敌人想突破我们阻击阵地。战斗了四天，不但没有突破我们阵地，而且被我们反击而落得损兵折将，向南逃跑。我们一路猛追，一直追打到“三八线”附近。我们部队追击敌人的途中，在无名高地遭遇一个旅的敌人反攻，战斗非常激烈，无名高地被敌人大炮、飞机轰击，已成了火焰山。我在这次战斗中手臂被敌人子弹打穿，鲜血染红了军装，首长命令我下火线。我一看身边三分之一的战友已经牺牲了，而敌人又在组织进攻，就用绷带扎紧伤口，对首长说：“我没了左手还有右手可以打。”在这次战斗中由于顽强坚持战斗，我荣立三等功一次。

朝鲜战场上我参加最后一次大的战斗就是上甘岭战役。这次战役敌人投入了七个军的兵力，动用320多门重炮、27辆坦克并以每秒6发炮弹倾泻在上甘岭上。同时，美国空军发动“空中绞杀战术”，截断了我们后勤供应线。我们打到第七天，由于没有干粮和水，许多战士生病，有的人饿得眼睛也看不见东西了，但我们仍旧在阵地上坚持战斗。每一次战斗结束，总有许多战友倒下，我自己也三处负伤。这次战斗虽然志愿军伤亡很大，但仍然取得最后胜利。经过这次战斗，我新伤加旧伤，吐血不止，提前回国养病。病养好后，我于1955年1月复员回家。

（本文选自《今日象山报》）

我的父亲袁国平

文/袁振威

袁国平（图片来源:《扬子晚报》）

袁国平（1906—1941）湖南省宝庆县（今邵阳）人。1925年入黄埔军校第四期，同年加入中国共产党。1926年参加北伐战争。1927年先后参加南昌起义和广州起义。广州起义失败后，率部转移到海陆丰地区坚持斗争，任工农革命军第四师党代表。后进入中央苏区，历任中国工农红军第五军政治部主任，第三军团政治部主任，第八军政治委员，红军总政治部副主任，参加了中央革命根据地的历次反“围剿”作战和长征。1936年起任西北红军大学政治委员，中国抗日红军大学第三科政治委员，教导师政治委员，红军步兵学校政治委员，中共陇东特委书记等职。1938年任新四军政治部主任，长期从事人民军队的政治工作，重视思想教育，善于及时总结经验，是工农红军和新四军中优秀政治工作者。1941年在皖南事变突围中壮烈牺牲。

皖南事变突围中，父亲身负重伤，寸步难行。他不愿连累战友，举枪自戕，兑现了自己的阵前誓言——九十九发子弹射向敌人，一发留给自己。

父亲在皖南新四军的日子，是他生命中最丰富多彩的一页。

1937年7月抗日战争全面爆发后，中国共产党为了团结抗战，向国民党当局提出统一整编南方八个省十四个地区的红军和游击队、开赴华中敌后抗战的建议。

经过两党谈判，同年10月12日，国民政府军事委员会宣布，将南方红军和游击队，改编为国民革命军陆军新编第四军。

毛泽东说“袁政治开展，经验亦多”

新四军活动的华中地区，斗争情况错综复杂，因此，政治部主任的人选就显得极为重要。这时，毛泽东想到了我的父亲。

父亲先后参加了北伐战争、南昌起义、广州起义、井冈山的斗争、创建中央苏区、组建中央红军主力部队、五次反“围剿”、万里长征、创办红军学校、开辟抗日根据地……在许多重大事件中，他所展现出的政治工作方面的才华，都给毛泽东留下了深刻印象，毛泽东在致项英电中指出：“袁政治开展，经验亦多，能担负独立工作。”

父亲离开延安前，毛泽东和他长谈了数个小时。毛泽东同志说，新四军处在敌伪顽夹缝中，政治工作既要保持继承红军的优良传统，又要考虑统一战线环境下的特殊性。

1938年4月26日上午，父亲一行风尘仆仆抵达皖南岩寺新四军军部。这天，军部正在召开挺进敌后抗战誓师动员大会。父亲径直来到会场，首先传达了中共中央、中央军委对新四军的指示，并发表即席讲话，对即将挺进敌后的部队提出了殷切的期望。

父亲的儒将风度，给与会者留下了深刻的印象。当年跟随父亲一起从延安到新四军的顾鸿老将军说：“袁主任作报告，大家都喜欢听。他要你笑，个个都捧腹大笑；要你哭，个个都流泪。他就有这个本事。”

举枪殉国　把生的希望留给战友

父亲到皖南后，在开展抗日游击战争的同时，扩大新四军队伍，开辟和建立根据地。到1940年底，新四军由1938年4月编组时的一万余人发展到8.8万人。

在新四军发展壮大过程中，政治工作发挥了重大作用，父亲为此呕心沥血，忘我工作。其间，父亲编著的《新四军政治工作十讲》《江南敌后游击战争中的军队政治工作》等，已成为我军政治工作的宝贵财富。在他的主持下，新四军政治部先后创办了《抗敌报》《抗敌》杂志和《抗敌画报》。陈毅伯伯曾经告诉我，父亲还主持并参与创作了新四军军歌。皖南事变前夕，父亲还填写了《别了，三年的皖南》歌词：“前进号响，大家准备好，子弹上膛，刺刀出鞘，三年的皖南，别了……”

1941年1月14日晚，父亲在皖南事变突围中，身中四弹，躺在突围部队前进的路旁。军部卫士连副连长李甫及战士们见他浑身血肉模糊，不能行走，想背着他走。父亲睁开眼睛，吃力地对李甫说：“战士们都是革命的种子，要赶快突围，把他们带出去……你们走你们的，不要管我了！”战士们不肯把首长丢下，就用树枝扎了副担架，抬着他走。

天亮前，队伍赶到青弋江南岸。不料，渡河时被堵截的敌人发现，密集的子弹飞来，抬担架的战士一个一个倒下，父亲也掉进水中。后面的战士又冲上来把父亲抬起，边打边强渡，激战约四十分钟才到达对岸章家渡。此时，一百多人的队伍只剩下三四十人了。

渡河时父亲再度受伤，身体极度虚弱。他挣扎着把一个笔记本和七块大洋交给李甫，断断续续地说：“你们赶快突围……不要管我了……否则一个都出不去……替我向组织上汇报。”并指着七块大洋说：“这是党费……”说完，趁战士们不备，父亲悄悄摸出手枪，对准自己的太阳穴扣动了扳机。

“如果我们有一百发子弹，要用九十九发射向敌人，最后一发留给自己，决不当俘虏！”三十五岁的父亲承诺了自己的阵前誓言。

李甫把父亲的遗体交给当地游击队的负责人刘奎。刘奎将父亲葬在一个老木匠的祖坟地里，并告诉他，这是新四军政治部主任袁国平。他用刺刀在一块青砖上刻了“袁国平”三个字，放在父亲的上衣口袋里，又在父亲的头下放了一根腰带作为记号。刘奎对老木匠说：“我就把他交给你了，千万别让人知道，我们一定会回来的！”老木匠说：“我知道，你就放心吧！”

后来，老木匠临终时交代老伴说，这祖坟地里还葬着袁国平，等新四军回来一定要把他交给新四军。就这样，老太太每年清明照样去上坟，直到 1949 年解放军打到芜湖，她才让儿子去打听解放军是不是当年的新四军。她说：“如果是，你就告诉他们，新四军政治部主任袁国平的遗体藏在我们这里。”后来她的儿子到芜湖找到部队并与刘奎取得了联系。

皖南事变后不久，我伯父袁醉如找到八路军驻西安办事处，询问弟弟的下落。办事处主任伍云甫受八路军参谋长叶剑英委托，告诉伯父说：“袁国平同志在皖南事变中英勇自尽，壮烈牺牲。”

（本文选自《新民晚报》，有删节）

旧袜筒里的通行证

文/赵志勇　赵若熙

邱西林（图片来源：《河北青年报》）

瞒着父亲参军

邱西林（又名邱子才），1909年出生在赵县宋城村一个富裕农民家里，学生时期就是积极分子，反压迫，反蒋介石的不抵抗政策。1930年，邱西林加入了中国共产党，并瞒着父亲参了军，成了一名身穿灰军装、头戴八角帽、腿上打裹腿的工农红军战士。

1937年抗日战争全面爆发，日军大举进攻华北。当年10月，日军以两个团的兵力侵占赵县县城，杀人、放火，奸淫掳掠。

从10月7日至15日，短短几天里，以飞机轰炸、机枪扫射、打活人耙子、枪杀刀挑、火烧水淹、活埋放毒等凶狠残暴手段杀害七百八十余人，接着又相继制造了豆腐庄、常洋和宋村等多起惨案。赵县人民对日军的暴行义愤填膺。

用家财购置军火

1938年夏，邱西林随一二九师东进工作团开赴家乡赵县，组建了赵县第一支抗日武装——县大队。他先任指导员，后任大队长，带领队伍在赵县、藁城、栾城、宁晋等一带开展除奸反特，打击日伪军斗争。

在邱西林任大队长将近一年的时间里，队伍就从三十余人、十多支枪，增加到五十余人、四十余支枪。那时，正规部队亟待补充兵员，为给主力部队输送精兵，他就把兵员带到自己家里，训练合格一批送走一批，短短几个月内先后从县武装部向正规部队过渡兵员六次之多。邱西林还利用其大舅哥能搞到军火的便利条件，用家财购置军火武装新兵。

邱西林一边为抗日大部队动员新力量、输送新兵员，一边积极组织现有队伍打击敌人。在邱西林从事革命活动的赵县东罗村，许多与他一起战斗和工作过的老人还保留着对他的记忆。他的战友张波回忆说：“邱西林精神得很，长得也漂亮，使着双枪，打仗也不错。日本兵对邱西林和他的队伍十分惧怕。”

张波老人讲了这样一个故事。那年，县大队驻扎在大东平村，一天傍晚，侦察员向邱西林报告说，有一队日伪军奔村子来了。当时村子里队伍人少，情况万分危急。怎么办？邱西林急中生智，噌地蹿上房顶，拔出双枪，冲下面大声命令：“大家注意啦，准备战斗！一队长带人堵住村口！二队长带人守在这里！三队长掩护进攻！”机智的几个村民在下面大声回应。

邱西林随即冲鬼子的队伍开了一枪，喊道：“剩下的人跟我来，别让一个鬼子跑喽！”这样使日本兵和伪军造成错觉，以为八路军有准备，狼狈逃窜了。在邱西林的家乡赵县，至今还流传着一段关于邱西林抗日杀敌的顺口溜：“咱们的邱队长，七个隆咚锵，打得小日本喊爹又喊娘，鬼子来扫荡，队长跳上房，唱出空城计，胆大美名扬。”

因为抗日，日军对邱西林恨之入骨，曾四次抄他的家，还两次把他的夫人张清树抓走，后来都被亲戚花钱救出。

以大商人身份为掩护

1940年夏，邱西林被调往冀南军区第五军分区司令部任作战参谋。他多次亲临战场指挥战斗，在藁城梅花镇一次对日战斗中右臂负伤，遂到后方养伤，伤愈后转入做党的地下工作。

根据上级指示，他曾到北平、上海、天津等地联系进步人士，为抗日筹资，后来，奔赴陕北延安，在那里参加了周恩来同志举办的地下党训练班。训练班结束后，即被分配在石德沿线从事情报搜集工作，他接下来的行动可说是另一个版本的余则成。

因有雄厚的财力，他开始以大商人的身份做掩护，从事地下秘密工作。在德州，邱西林开有“玉华鑫”鞋店和旅店、饭店，“生意”做得很红火。邱西林与德州各界均有往来，可以说是“往来无白丁”，甚至出入日本军营也畅行无阻。记得有一次日本兵跟他要通行证，他说：“离我近点。”随即给了日本兵“咣咣”两个耳光，“这就是给你的通行证！”可见他在日本人那里也很有地位。

在秘密战线，邱西林为我党搜集了不少军事情报，搞到大批武器弹药。一次，由于叛徒告密，日军得知邱西林是共产党员，当晚去捕人。当时邱西林去了石门，日军扑了空，于是就在鞋店四周设下埋伏。邱西林得到消息后，在日本朋友的帮助下，逃了出来。邱西林不敢再回德州，而是在今天的石家庄东里村东街副1号一个有大小十一间房子的大院里安了家。在石家庄，他虽无买卖掩护，可他衣着长袍、骑高头洋马、腰挎盒子枪，护兵两边随，威风凛凛一副富家子弟的打扮，足以掩人耳目，很多人都猜不透他的身份。

用旧袜筒带出通行证

这时候，邱西林生命中最重要的一个人来到了他的身边，这个人就是他的夫人张清树。这位裹着一双小脚的女人，思想不怎么开放，但多少也懂得一些革命道理，她默默支持丈夫的革命工作。在石家庄，她出入乘轿，常以邱太太身份迎来送往，传递情报。邱西林的儿子邱振义说："我小的时候亲眼见过母亲从旗袍边缝里拆出过纸条，泡在米汤里，或在灯下一烤，纸上就有字迹显出来。隐约觉得父母在搞军火和铁路线的情报工作。"

1943 年农历七月初七，石门最繁华的西花园里唱着大戏，邱西林安排家里人都去看戏，自己留在家中。午夜 12 时许，一阵山响的砸门声之后，突然闯进来六七个日本兵，将正在开秘密会议的邱西林和另外三位同志五花大绑抓走了。后来邱西林的妻子得知丈夫被关押在南兵营，便抱着才几个月大的女儿去探监，邱西林抱过孩子亲了又亲，深情地说："回去吧，把她好好抚养成人，为了他们这一代不再受苦，我投身革命，决心为之奋斗到底，要是我死了，你让她继承我的事业接着干！"望着遍体鳞伤的丈夫，夫人张清树泪流满面。

回到家，张清树从孩子的尿片下摸出一只丈夫塞进来的旧袜筒。她看了又看，终于，看出了异样，拆开后，发现袜底缝着一小块白绢，上面的毛笔小楷和大红印章说明它不一般。

白绢上写道："兹有本部秘密工作员邱子才同志，在德石路一带工作，希各抗日机关验照协助，以利抗战，万勿阻碍……邱子才同志收执，秘密工作长期使用……中华民国三十年十月十日开。"

当邱夫人得知这就是丈夫的"手续"时，一下子泪珠涟涟。她把它捧在手心，贴在胸口，转而又思忖再三，她担心，万一组织上来人联络会落入敌手。一天夜晚，她带着四个孩子，举家回到了老家赵县。南兵营一别，竟成永别。

就是这通行证和身份证明支撑着年轻的张清树坚强活了下来，直到中华人民共和国成立后，张清树才了解到，当年丈夫被抓进日本集中营后，宁死不降，最后被日本人拷打而死，连尸首都无法找到。

（本文选自《河北青年报》）

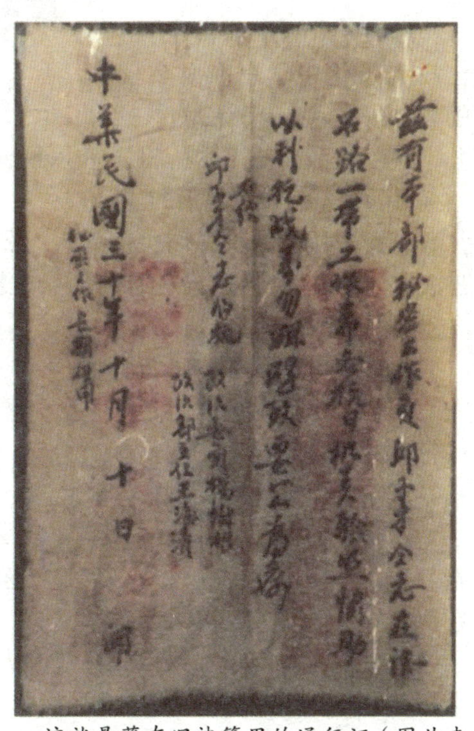

兹有本部秘密工作员邱子才同志在德
石路一带工作希各抗日机关验照协助
以利抗战万勿阻碍致要为荷
中华民国三十年十月十日开

这就是藏在旧袜筒里的通行证（图片来源：《河北青年报》）

回眸英雄董存瑞：为了新中国，冲啊！

文 / 王玉山

“替我把这些奖章带给我娘，就说我是为解放全中国牺牲的。”

这是一个闷热的下午，敌人据守旱桥上的一个暗堡，疯狂扫射。呛人的火药味在弥漫，整个前沿阵地上，笼罩着一片挥之不散的黑色硝烟。

董存瑞（图片来源：中国军网）

1948 年 5 月 25 日，已攻入隆化中学东南面的解放军第十一纵队九十四团被敌核心工事所阻，如得不到增援，随时都有被敌消灭的危险。

师指挥所命令董存瑞所在部队：下午 3 点半，必须冲进隆化中学，增援九十四团。

此时，是下午 3 点 15 分！

从暗堡里喷出的火力越来越猛，子弹带着尖利的啸声从耳边掠过。

董存瑞和郅顺义奉命炸掉暗堡。

快要到前面那片开阔地了，董存瑞指着一个小土堆对郅顺义说：“老郅！你在那儿掩护我。”

炮火中，董存瑞和郅顺义在敌人火力下迅速跃进。郅顺义甩几枚手榴弹，董存瑞就向前跃几步；郅顺义再甩几枚，董存瑞又跃出几步。后面还有几名战友，把一捆捆手榴弹送到郅顺义手里。

郅顺义又甩出几枚手榴弹，迅速爬到了董存瑞指定的地方。

董存瑞和郅顺义趴在土堆前，一起看着剩下的一段冲击道路。那片开阔地，敌人的火力封锁得最严密，冲过去就是干河套，那里是敌人火力的死角。这时，董存瑞腾出手从怀里掏出几次立功的奖章和一个用纸包住的小包说：“老郅，替我把这些奖章带给我娘，就说我是为解放全中国牺牲的，这纸包里是我最后一次党费。”

“都记住了？”董存瑞又问郅顺义一遍。

“你放心，我都记住了！”

“好！老郅，投弹掩护。”

“为了新中国，冲啊！”

董存瑞一个跃身，朝那片开阔地冲去。郅顺义也抓起拧开盖的手榴弹，用力地甩出去，将碉堡前的鹿寨、铁丝网炸了个稀巴烂。

趁着这股浓烟，董存瑞几步冲进了开阔地。

这两个一前一后跃进的身影，成了

敌人火力射击的主要目标。子弹在他们身边乱飞。

突然，一发子弹打中了董存瑞的左腿，鲜血一下子涌了出来。可董存瑞顽强地匍匐前进。郅顺义把这一切看在眼里，瞪着双眼向敌人的火力点投出了手榴弹。

董存瑞借机又一个跃进，猛地一下跳到了干河沟里。身后的郅顺义也跟着跳进了旱河前的壕沟里。

董存瑞几步便蹿到桥形暗堡底下。

这时，郅顺义离董存瑞不过 50 米。他看见董存瑞抱着炸药包，四面环视了一圈，想找个地方放炸药包。

桥底离地面有一人多高，董存瑞一伸手没有够到，两旁是光溜溜的墙壁，没有边棱，炸药包放了两次都滑下来。要有一个长木架子顶住就好了，可这时，上哪儿找架子呢？若把炸药包放在河床上，又炸不毁暗堡。

这时候，总攻的时间已经到了，大批后续部队攻了上来，嘹亮的冲锋号已经响起。敌人也疯了似的捅开了桥形暗堡上的一块块砖头，桥壁上十几个暗枪眼开始喷火。

敌人突然发现了桥下的董存瑞，立刻从侧面掉转枪口，向他射击。郅顺义急忙投出一枚手榴弹。

子弹从董存瑞的身边穿过去。

郅顺义看见董存瑞挺胸昂头，大步走到桥底中央，用左手托起了二十多斤重的炸药包，踮起脚尖，奋力将炸药包顶住桥底，右手猛地拉着了导火索。那一刻，郅顺义永生难忘。

导火索“哧哧”地冒出白烟急速燃烧着。

导火索只能燃烧七秒钟。

郅顺义再也忍不住了，他纵起身子，飞快地冲向壕沟边。这时，他看见董存瑞突然两眼圆睁，奋力挺起腰身，用尽全力喊道：“为了新中国，冲啊！”随即，一声天崩地裂的巨响，桥形暗堡被摧毁了。冲锋的部队冲了上来……1948 年 5 月 26 日凌晨 3 时，隆化攻坚战在经历二十二小时四十分钟后胜利结束。

1948 年 6 月 8 日，第十一纵队党委命名董存瑞生前所在班为“董存瑞班”。1950 年 9 月，在北京召开的全国战斗英雄代表会议上，追认董存瑞为“全国战斗英雄”，郅顺义也被评为“全国战斗英雄”。

（本文选自中国网）

董存瑞牺牲地（图片来源：中国军网）

陈为人——『一号机密』守护者

文/周亦楣

红色记忆

陈为人（图片来源：《新京报》）

陈为人用过一串假名：陈洪涛、陈福涛，张惠生、张道立、张道惠、张明、张敏……

住着月租三十块银圆的“豪宅”，却每天吃山芋粥充饥攒房租，外人面前常用干鱼片遮盖粥碗。

白天穿着入时得体的衣服，以富商的身份谈生意；晚上在密不透光的屋内，誊抄整理秘密文件。

陈为人病逝时，妻子强忍悲痛，叮嘱孩子们“千万不要哭”。她担心邻居知道家中死了人来看热闹，见到家中富丽的外表竟是这副寒酸样，会引起怀疑。

党史专家吕芳文研究陈为人数十年。他认为，陈为人勤奋认真，行事低调谨慎。“他不喊口号，不出风头，隐藏在暗处，是个封得住口、信得过的守门人。”

“沙子会”传进步思想

湖南省江华县沱江镇大路铺五里村，陈为人出生在一个农民家里。

家境艰难，父母还是让陈为人读书。高小毕业后，陈为人考入湖南省立第三师范学校。

此时，恽代英等在《端风》年刊上发表进步文章，陈为人负责在学校向进步学生传发该杂志。

每次收到杂志后，陈为人等十余名进步学生，常聚集在学校驻地赛金坪前的湘江河畔追逐，游泳后，便三五成群地围坐进行日光浴。

一些不明真相的同学都把这一活动叫作“沙子会”。事实上，这是陈为人等人发起组织的群众团体“学友互助会”。

五四运动后，陈为人组织游行抵制销毁日货，因反对湖南省省长张敬尧，被学校开除。

1920年的一天，流落上海街头的陈为人在黄浦江边一筹莫展，黯然落泪。

数月前，他在湖南老家的教育部门办理了赴法勤工俭学的申请，准备出国留学。

“你能出什么国，给别人提鞋都没有人要。”筹备赴法前，曾被祖母奚落的陈为人决心很大。

但当他徒步翻过大山，千里迢迢抵达上海时，当局竟借口他耽搁时日，私分了他的留学经费。

陈为人旅费用尽，只得卖报纸，每天吃两个红薯为生。

极度绝望时，他遇到江华老乡李启汉。李启汉带他回到住处。一夜促膝长谈后，李启汉鼓励他振作精神，并介绍李汉俊、俞秀松、李达、林伯渠等人给他认识。

在李启汉的介绍下，当年8月，陈为人加入中国共产主义青年团。他随李启汉一起，在上海小沙渡工人学校开展工人运动。

身无分文探路苏联

1921年，上海共产主义小组为培养革命干部，让陈为人、董锄平等六七人第一批赴苏留学。

董锄平曾回忆，第一批留学者不知究竟从何处进入苏联为易。陈为人“最勇敢，最热诚”，俄文又学得很好，他主动要求打头阵，前往苏联试探路线。

这年早春，陈为人背着母亲做的粗布被子，带着三升炒米和微薄的旅费，从上海北上。一路经天津、长春、哈尔滨，辗转多国租界，雪地行至海拉尔，然后搭上马车赶往满洲里。

彼时，陈为人已身无分文，连马车费都付不起。

他在土布被里留了张字条抵作车资，在即将到满洲里时，借口去厕所，溜下了车。

抵达中苏边境赤塔时，陈为人无一件行李，被边防军当作间谍抓了起来。他从贴身内衣里取出特别介绍信，用俄语解释了好久，才被放行。

从赤塔到莫斯科，陈为人乘上一辆载货的闷罐火车。上车之前，他从红军那里领了两个硬硬的黑面包。饿了就啃上几口，渴了就喝冰水。

两个月后，这辆靠烧木柴推动的火车在西伯利亚铁路线上行走了七千多公里，到达了莫斯科。

1921年5月，在列宁的关怀和共

产国际筹备下，莫斯科东方劳动者共产主义大学（简称东方大学）正式开学。

基于保密原因，每个留俄学生都取了一个俄国名字，如任弼时叫布林斯基，萧劲光叫查戈洛斯基等。

陈为人等进入东方大学时，正值共产国际召开第三次代表大会，他和部分留学生作为东方民族的代表，凭票轮流列席会议旁听。

中国共产党成立后，东方大学中国班开始建立党的组织，陈为人与刘少奇等中国共产主义青年团员首批转党，组成中国共产党旅俄支部。

“自我有身，受尽艰难，几因环境压迫，痛哭失神……今敢自先誓：此后惟愿以乐为苦，以苦为乐，若因困难思退，不待他人谴责，则自当愧死矣！”1921 年底，东方大学结业的陈为人曾在其学习感想中记录。

“上刑场不能喊口号”

1921 年底，陈为人奉调回国，先后辗转北京、东北等地，开展建党建团活动。

1927 年，陈为人和妻子韩慧英来到了被白色恐怖笼罩的沈阳。此时，中共北方局遭到破坏，组织关系均作了转移。陈为人的任务是辗转东三省，筹建中共满洲省委。

几经考察，他将家设在皇寺大街福安里 19 号，一栋青色砖瓦的俄式平房内。这也是中共满洲省委临委机关。

陈为人为临时省委书记兼秘书长和宣传部部长，他对外假称是英美烟草公司“帮办”。

为掩护工作，“帮办”的住房布置考究，有俄式壁挂炉、羊毛呢毯、西式挂钟等。

这个“帮办”的“业务”十分繁忙。

外出调查研究、召开会议、指导工作，在家拟订文件、撰写文章、研究各地工作。

秘书张光奇回忆称，陈为人“胆大心细，工作干练，脑子也快”，其相貌举止沉稳，“看上去比他的实际年龄要大，像三十岁的人”。

1928 年 12 月的一天，满洲省委召开扩大会议，十多名警察破门而入，将陈为人等人逮捕。

七个月的监狱生活中，严刑拷打、分化瓦解和威逼家属等软硬手段，在陈为人面前均告失败。

一次，军法处长破例在下午提审陈为人等人，按惯例在下午提审的人都是要枪毙的。

陈为人告诉大家：“咱们在刑场上不要喊口号，以免暴露其他同志。”不料，这次提审只是对他们进行“争取教育”，

陈为人任满洲省委书记时的满洲省机关所在地——福安里 4 号，现为沈阳市和平区皇寺路 19 号（图片来源：东北新闻网）

训斥一通了事。之后，陈为人和同志们在狱中通过墙洞和放风时间传纸条，相互鼓励，坚决经受住考验，与敌人斗争到底。

1929年7月，因证据不足，陈为人等人获释。

饿肚子“拿命换机密”

出狱后，陈为人和韩慧英来到上海，在中央机关担任各种秘密工作。

1931年12月上旬一个漆黑的夜晚，行将赴中央苏区的周恩来，突然来到陈为人住所，要求他担负整理和保卫中央文件的重任。

当时，中央档案分三套。一套由共产国际中央代表保存，一套因顾顺章等人叛变，已被销毁。周恩来交予陈为人保管的这套文件是国内唯一一套中央文件，有二十余箱。

陈为人、韩慧英夫妇临危受命，立即隐蔽起来。

他开设了一家湘绣店作为掩护。

白天穿着入时，以富商的面貌出现；晚上就把三楼的窗子关严，密不透光，通宵达旦地工作；把文件中纸厚的改抄在薄纸上，把大字改成小字，把文件的宽边空白剪掉，这样是为文库的存放能够尽量减小体积，进而缩小目标，便于保管和转移。他还把写在小说、报纸上的文件抄下来，然后按地区、时间、问题加以清理，重新装箱，放在安全、通风的地方。

1935年2月，韩慧英外出送文件时被捕。陈为人的第一反应不是营救亲人，而是如何安全火速地转移文库。

党的秘密条例规定，存放档案必须是单幢房子。

此时，陈为人已经与党组织失掉联系，断了经费来源，早已衣食无着，饥一顿饱一顿。

他还是假称木材行老板的身份，以每月三十块银圆的租金，租下小沙渡路合兴坊15号一幢二层楼房，安全转移了中央文库。

孤身保管地下文库，还要抚养三个未成年的孩子。没有任何经济来源的陈为人只好典当衣物，维持最低限度的生活，最后甚至铁皮罐头之类零星杂物都卖光了。

为掩人耳目，一楼的摆设仍维持着一个老板的“表面文章”。全家每天以两餐红薯或山芋粥充饥。为了不让房东察觉到他家生活艰辛而引起怀疑，他常常盖上一片干鱼片端到楼上吃，快到楼门口时怕孩子们看见，又把鱼片藏起来。就这样，那片干鱼片用了足足一个月之久。

孩子穿的是抽了棉花的破背心，煤球数着用，一岁的婴儿常常以水代奶。

天天吃不饱的孩子常哭闹，陈为人总是说：“我们是吃点心，点心点心，就是点点心的，不要吃饱的。”

直至一年后，韩慧英被释放，陈为人才与党组织接上关系。

1936年底，“一号机密”中央文库近两万份文件目录，已被整理誊抄得干干净净、整整齐齐。此时，陈为人已肺病缠身，经常吐血。党组织考虑到他的身体状况，决定转移到中央文库。送出最后一箱文件返家后，陈为人大口吐血，栽到地板上。

1937年3月12日晚，陈为人病逝，时年三十八岁。

（本文选自《新京报》）

李赐凡——文武双全的红军骁将

文／李安牛

陈毅元帅生前曾满怀深情对人谈道：“长征后的江西军区司令员李赐凡，能文能武，一只脚照样指挥打仗，坚持到最后不屈服。”

李赐凡原名李嗣蕃。大革命时，正在县立初中读书的李赐凡受到李文香、高静山等人影响，思想和学识与时俱进，担任县城学生联合会主席。组织学生开展了捣毁福音堂、查禁焚烧日货、慰问北伐军队等活动，表现极为活跃。国共合作时期，李赐凡经高静山介绍加入了国民党，县档案馆里至今存有一份1926年《国民党宜章县第二区党支部党员表》，其中有二十多名县中学生，而入党介绍人都是“李嗣蕃”。

大革命失败后，李赐凡回村教书，从事地下活动，不久即由碕石特支发展加入中国共产党。他串联外逃躲难后陆续回村的农会骨干，在学校古柏下和三塔岭、通明岩等处多次聚会，商讨斗争策略。并把一些经历大革命锻炼和白色恐怖考验而斗志坚定的农会骨干如李玉

岗、李恒春、李强、李春荣等相继发展入党，组成了中共黄沙区第二党支部，任支部书记。

朱德智取宜章后，李赐凡与彭晒连夜赶到宜章听取朱德和县委的指示，商定了举行黄沙区总暴动的斗争策略。1928年1月18日李赐凡在鹧鸪坪村率先竖起了暴动旗帜，捕杀了首恶劣绅，把豪绅囤积的谷子分给了贫苦农民。几天工夫，武装起义的烽火便燃遍黄沙区和宜章县。恐慌的反动豪绅企图利用农村中的封建宗法思想，派人到鹧鸪坪游说，煽动李姓农民结队前往围攻革命堡垒碕石彭家。李赐凡挺身而出，义正词严斥责游说者的卑劣行径，带领赤卫队员前去声援碕石。他教育受蒙蔽围困碕石的外村群众说："革命不分李家彭家，天下农民才是一家。农民只有在共产党领导下团结起来，把矛头对准共同的敌人土豪劣绅，才能取得自己的解放。"豪绅们的阴谋终于破灭。李赐凡带领农民勇敢冲破封建宗族界限、坚持革命的举动，曾一度传为湘南起义中的佳话。

李赐凡带领村中许多农军战士随萧克上了井冈山。他先后任红二十九团少共团委书记，红四军教导队党代表，支队、纵队政委。1930年10月任红十师政委。年底在第一次反"围剿"的龙岗战斗中，敌前线指挥张辉瓒扬言"要剃朱、毛的头，彻底消灭红军"。激战中，担任主攻的红十师一连三次冲锋都未奏效，战况吃紧。李赐凡与师长王良跃到队伍前，驳壳枪一挥："冲啊，冲上去就是胜利！"部队顿生虎气，连攻敌阵，最后俘获张辉瓒及以下九千官兵。李赐凡轻蔑地斥问张辉瓒："到底是你剃朱毛的头，还是朱毛剃你的头？"张叩头求饶说："是朱毛剃我的头，剃我的头。"朱德赞扬李赐凡"有奇功"。在第二、三、四次反"围剿"和多次的外线对敌大战中，李赐凡率红十师担当主攻，打了许多大仗恶仗和胜仗，成为中央红军战斗力最强的主力师，多次受到中央军委的表彰和嘉奖。

1933年1月，担任红十师师长的李赐凡在浒湾战斗中双脚被炸伤，在广昌医院锯了左脚，靠双拐行走。为了返回前线，他扔掉拐杖，苦练骑马，多次被摔下马来，衣裤被血肉粘住。来看望他的战友见了不禁流泪，可他却坦然笑道："锯掉一只脚算什么，我们是革命军人，只能流血，不许流泪。"后来接替罗荣桓任江西军区政治部主任，以出色的工作成绩获得中央表彰。一次他寄上自己佩戴红星奖章的照片给父母兄弟，在信中表示："赐凡现在远驰他乡，舍了小家，然为的是国家，走的是正道，志在为劳动阶级打天下；待黑暗的统治溃灭之日，吾当回归故里，或从教，或务农，以报效乡亲父老养育之恩；纵然不幸僵卧沙场，吾于九泉之下当含笑耳！"

中央红军长征，李赐凡继陈毅任江西军区司令员，与曾日山一起率部牵制敌军，掩护红军主力转移。因敌强我弱，李赐凡为掩护战友突围，自己被敌人围困在小布岩背垴山洞中，与敌军血战到最后，壮烈牺牲。

青山埋骨不埋名。中华人民共和国成立后，小布人民特在李赐凡献身的岩背垴为他树碑立传，如今已被宁都县列为重要革命旧址和红色旅游景点。独脚将军的英名业绩，仍在老区人民中广为流传。

（本文选自《宜章报》）

漆鲁鱼——千里寻党　丹心一片

文/简　奕　庞国翔

漆鲁鱼，原名灵洁、宗曦，重庆江津人，是漆南薰烈士的侄子。1929 年加入中国共产党。1974 年，在成都逝世。(图片来源:《江津日报》)

土地革命时期，由于敌我力量悬殊以及党的“左”倾错误，致使重庆革命力量遭受惨重损失，到 1935 年夏，重庆已经没有了党的组织。直到全面抗战爆发前夕，一位名叫漆鲁鱼的江津人回到重庆。

漆鲁鱼，1902 年生于江津李市乡。他幼年丧父、少年失母，一岁余时父亲亡故，十五岁时又遭母丧，到十七岁时才高小毕业。二十岁时，靠叔父漆南薰帮助，到重庆一家私立医科学校半工半读。两年后，叔父继续资助，漆鲁鱼东渡日本留学，1925 年春考入日本东京医学专门学校，开始接触进步文艺书籍和马克思主义，参加中国共产党在东京的外围组织“中国留学生社会科学研究会”和“青年艺术家联盟”。

1928 年 7 月初，他从日本回到江津，1929 年 10 月在江津加入中国共产党。江津党组织遭到第三次破坏之后，根据上级组织安排，他的组织关系转到上海，并从事地下工作。1930 年 8 月，在一次街头书写宣传标语时，被敌特发现被捕。1931 年 10 月，漆鲁鱼出狱。

1934 年，漆鲁鱼奔赴中央苏区，担任中华苏维埃卫生部保健局局长。中央红军长征前夕，中央决定他留下负责中央苏区留守部队的医务工作，护理身受重伤的陈毅等同志，并担任江西军区卫生部长。在一次战斗中，他不幸被俘。

沿途千里行乞

当敌人在法庭上审讯漆鲁鱼时，他急中生智，辩称自己是一个曾被红军俘虏的国民党军医。敌人半信半疑，带来病员叫他诊断。漆鲁鱼熟练地给病人诊断，并用英文开出处方。这下敌人相信了，几个月后便释放了他。

1935 年 5 月，从监狱出来的漆鲁鱼，急切盼望能找到党组织。此时，党中央和红军已经长征，原来的关系早已

断绝。他拖着疲惫的身躯，心里反复告诉自己："我必须找到党组织！"

漆鲁鱼决定到广东兴宁县去找曾经共过事的老蔡。可是，沿途全是国民党军队布下的岗哨和密探。风餐露宿的他，人地生疏，身无分文，怎么办？

哪怕沿路要饭，也要找到党组织！怀着坚定的革命信念，漆鲁鱼一路乞讨，徒步四百多公里，自瑞金经会昌、寻乌、定南、和平，好不容易到达兴宁，却没有找到老蔡。之后，他又继续乞讨南下，经丰顺、揭阳、潮州，赶到两百多公里外的汕头，发现原来老蔡开设的药房早已关门。"只有回上海找党了。"于是，漆鲁鱼又沿途乞讨，走到上海。可是，过去与他相识的党员都已撤离，可靠的亲友也不知去向。

白色恐怖笼罩下的上海，特务、叛徒密布，漆鲁鱼没有找到党组织。但是，他依然坚持在闸北区北四川路一带讨饭巡游，将最后一线希望寄托在找到鲁迅先生身上，便常常到鲁迅的日本朋友开办的内山书店附近守候，可是两个月过去，仍未如愿……

长时间的乞讨生活，使漆鲁鱼染上痢疾等疾病，以致两眼深陷、骨瘦如柴，身体极度虚弱。正当他陷入绝境时，一位老同学在街头与他不期而遇。老同学将他接到家中，让他休养，还帮他打听消息，但始终没有党组织的线索。

1935年12月，漆鲁鱼返回家乡江津，寻找他当年在江津入党时的关系人。他不知道，当时不仅是江津，甚至整个重庆都没有党组织的存在。

重庆继续寻党

1936年2月，漆鲁鱼来到重庆继续寻党。当时，他暂居在叔父漆南薰（曾任《新蜀报》主笔，牺牲于1927年"三三一"惨案中）的遗孀家里。漆鲁鱼到重庆后，敏锐地注意到《商务日报》的进步倾向，他试着写了一篇国际评论，以"鲁鱼"的笔名向《商务日报》投稿。

牛刀小试，漆鲁鱼很快就崭露头角。不久，他成为《商务日报》撰稿人，并结识了《商务周报·副刊》主编温嗣翔，此后又通过温嗣翔认识了聚集于副刊周围的甘道生、侯野君、刘传茀等人。这些进步青年很快将漆鲁鱼视为他们的同路人和引领者。

从甘道生、温嗣翔口中，漆鲁鱼了解到重庆已经没有党组织。他感到由自己去找到党的希望太渺茫，便决定以行动来引起党组织的注意。

此时，重庆建党时期的重要人物、曾经是青年团重庆地委第一任书记的周钦岳也结束了在日本的流亡生活，重回《新蜀报》，并出任该报总经理。漆鲁鱼得知消息后，即托叔母介绍与周钦岳认识，进入《新蜀报》，得到周钦岳的支持，被聘为主笔。

鉴于当时重庆抗日救国活动难以开展的现实，漆鲁鱼仿效上海沈钧儒、邹韬奋等组织的"全国各界救国联合会"，于1936年6月组建了重庆救国会。很快，救国会成为重庆群众性抗日救亡进步力量的核心。特别是1937年，九一八事变的6周年纪念日，救国会组织三千多人，举行抗日歌咏大游行，轰动山城。

回到党的怀抱

漆鲁鱼领导的重庆救国会，引起中共党员张曙时的注意。张曙时1935年初由上海临时中央局派往四川做刘湘的统战工作，是当时四川仅存的几个重要党员之一。当时，进步学生刘传茀暑假回成都时，向张曙时介绍了漆鲁鱼的情况。

1936年9月下旬，张曙时从成都秘密来到重庆，对漆鲁鱼领导救国会的活动表示赞赏，指示刘传茀加入重庆救国会，与漆鲁鱼合作。

与党失散许久的漆鲁鱼，终于看到了重回组织的希望。他将重庆救国会自觉纳入党组织的领导之下。

由于有张曙时在政治上的正确指导，漆鲁鱼领导重庆救国会不仅擎起抗日救亡的大旗，广泛宣传中共的抗日主张，而且聚集和培养了一批进步青年骨干，为中共重庆党组织的恢复重建做好了思想上和组织上的准备。

至此，漆鲁鱼的寻党行动已经不再是他的个人行为。漆鲁鱼个人的革命前途，已经同整个重庆地区党组织的恢复重建紧紧联系在一起。

抗日民族统一战线建立后，中国共产党决定大力恢复和加强在国民党统治区的工作。中央非常关注重庆和川东地区党组织的重建和恢复工作。1937年10月，张曙时派刘传茀等人到重庆，对漆鲁鱼等人进行审查，恢复了他们的党籍，漆鲁鱼终于重新回到了党的怀抱。

星星之火燎原

张曙时不仅恢复了漆鲁鱼等人的党籍，还成立了以漆鲁鱼为组长的中共重庆干部小组。这标志着川东以及重庆地区党组织自1935年被破坏后，开始得到恢复。

1937年12月，经刚成立的中共四川省工委批准，重庆干部小组改为中国共产党重庆市工作委员会，漆鲁鱼任工委书记。这是抗日战争全面爆发后，重庆地区建立的第一个市级党组织。

漆鲁鱼担任工委书记后，在进一步领导群众开展抗日运动的同时，大力发展党员。

鉴于这一时期重庆政治地位的迅速提升，1938年11月下旬，中共四川省工委在成都召开扩大会议，根据中共中央长江局指示，撤销中共四川省工委，分别在成都和重庆设立中国共产党川康特别区委员会和中国共产党川东特别区委员会。中共川东特委随即成立，漆鲁鱼出任宣传部部长。

到1939年10月，中共川东特委所属党员约三千六百人，此时是川东地区党组织空前壮大的时期。此后，漆鲁鱼一直坚持战斗，直至全国解放。

（本文选自《江津日报》）

狭路相逢勇者胜

文 / 邓小明　唐光龙

1934 年 10 月下旬，红一方面军主力开始长征。邓华等率红一师二团，连续冲破敌四道封锁线，出色地执行了掩护红军主力和中央机关西进的任务。

红军经过奋勇拼杀，付出了沉重的代价，终于突破了蒋介石在湘江苦心设置的第四道封锁线。午后，师部传来军团电令："部队节节抗击，向西转进。"当时，在前面开路的刘瑞龙团长已率部突过了封锁线；指挥断后的团政委邓华，却遇上从后面和左右方向三面敌军的进逼，他所率领的三营已经冲到前方山包后面了，而邓华，还有一位参谋、一位警卫员，却被左右两方敌人密集的交叉火力压住了。前方收割后的稻田被子弹打得屑片飞扬，后面的枪声一阵紧似一阵。三人匍匐在一条田坎边，进也不得，退也不得。

邓华，1931 年摄于福建长汀，时任红十二军第三十六师政治委员（图片来源：郴州网）

狭路相逢勇者胜！"冲过去！"邓华向参谋和警卫员发出命令。他随即纵身猫腰起跑，冒着前后左右穿梭的子弹，飞步跨过三丘田块，翻身滚到田坎下，他回望起跑处，不见参谋和警卫员跟进。"冲呀！"他再一次发出了命令，仍然没有听到回话或任何回应。这时，前面响起三营同志接应他们的密集机枪声，邓华一个箭步，飞奔到山包边，终于脱险。而跟随他多年的参谋和警卫员却再也没有回来。邓华脱险来到团部，同团长刘瑞龙等人会合，然后下去看望部队。那情景，比在战场上惨烈的厮杀还要使人肝胆碎裂。好多朝夕相处的战友再也回不来了，亲如手足般的伙伴葬身在血泊里了，好端端的一个团，由湘江之战前的一千七百多人，到现在只剩下八九百人！许多干部战士抱头痛哭，炊事班做好的香喷喷的饭菜，竟然没有一个人吃。邓华站在一个小山包上，向着自认为残兵败将的人们，大声说道："同志们，我

邓华故居（图片来源：郴州网）

们牺牲了那么多的同志，确实痛心呵！但是，我们全团指战员都是铁打的好汉，都是英雄！我们胜利完成了军委给予的光荣任务！”邓华从被硝烟染黑的口袋里拿出一份电报继续说：“这是中央今天凌晨3点半发来的电报。电报说，中央首长所在的红星纵队和红章纵队，已于今日全部渡过湘江，红军大部队也都渡过了湘江。同志们流血牺牲，已经粉碎了蒋介石的第四道封锁线，我们已经胜利开辟了西进的道路。”

刚才似乎丧失了信心的红二团，又踏着威严的步伐，向前，向前……

随后，邓华参加了四渡赤水作战。在攻占桐梓、娄山关、遵义等战斗中，他所率部队英勇作战，冲锋陷阵，歼灭了大量敌人。

1935年5月，上级决定红一师和干部团沿大渡河东岸北上，主力沿西岸北上，东西两路夹河而进，夺占泸定桥。邓华等率二团为左纵队先头团，沿河岸溯流向泸定桥前进。为了胜利完成这一战斗任务，他对部队进行了广泛的政治动员，红军战士不顾长途行军的疲劳，个个精神振奋，斗志昂扬。

邓华率部在险要的隘路上，不顾一切向前冲，经过一路战斗，粉碎敌人的节节抵抗，攻击前进到铁丝沟附近。铁丝沟地形非常险要，左边是波涛汹涌的大渡河，右边是峭壁千仞的高山。敌一个多旅的兵力已占领了铁丝沟最高的山头及隘口，凭借天险固守。二团先以一部由山腰绕至敌翼侧攻击，占领了隘口，再追击前进。此时，前面是高山，背后是大河，敌人兵力、地形都占优势，后退便有落水的危险，只有拼命向前才是出路。邓华亲率二营夺取了铁丝沟最高峰，团的主力也占领了敌人的正面阵地。铁丝沟战斗为红军夺取泸定桥创造了有决定意义的条件。接着二团继续前进，配合西岸红军夺取了泸定桥，中央红军胜利地渡过大渡河，蒋介石使红军成为“石达开第二”的企图彻底破产。

红军到达陕北以后，邓华任红一军团二师政治部主任，参加了直罗镇战役和东征作战。不久，红军整编，邓华任红一军团一师政治委员。

（本文选自郴州网）

亲历血战宿县

口述/毛效义　整理/王生平

毛效义，1921年生于山西襄汾县。1921年参加八路军任战士、连队党支部书记。解放战争中淮海战役任三纵九旅二十五团三营长、宿县突击营营长，川东剿匪任九十七团副团长。抗美援朝任九十七团团长。中华人民共和国成立后，历任沈阳炮兵学院战术教研室主任，中央军委炮兵科技处处长，沈阳军区原炮兵副参谋长。

刘伯承曾说，淮海战场的敌军部署就如一条长蛇，东线徐海之敌是蛇身，西线黄维兵团是蛇尾，宿县就是蛇身上的要害之处，攻下宿县就像一把飞刀斩断了长蛇的脊梁骨。

掷出飞刀直插宿县

1948年11月，在淮海战役第一阶段，为配合华东野战军围歼黄百韬兵团，断敌退路阻敌增援，毛主席和中央军委急电中野刘邓首长全力攻取宿县。这是淮海战役的首个攻城之战，刘邓首长把这一艰巨的任务交给了二野三纵来完成，担任西门主攻的是九旅二十五团三营。宿县（现安徽宿州）位于徐蚌线的中点，它不单是皖北交通枢纽，还是徐州的重要补给基地。宿县之战是淮海战役中最重要的攻城作战之一。刘伯承、邓小平命令三纵九旅像一把掷出的飞刀直插宿县。

三纵九旅是一支有着光荣传统的部队，曾参加过百团大战，是一支能打硬仗的部队。由三纵九旅二十五团担任主攻宿县西门这项艰巨的任务，我所带领的三营被任命为突击营。作为刀尖子，它的任务就是必须在城西面打开一个口子，再把口子撕得宽宽的，让后面的大部队插进去，彻底消灭敌人。

我和武银河副营长、周文铭教导员严密商讨后，把突破口选在西门城楼前的突出部分——瓮城。瓮城敌人兵力集中，工事坚固，火力强，突破口选在此处，突破难度大，伤亡也必将惨重。但此处一旦被突破，敌人的整个防御体系，即告崩溃，我方即可以顺利地向两侧和纵深发展。局部付出较多的代价会给战役全局带来更大的利益。我们的决定，也得到了张庆和团长和古稀年政委的肯定和赞扬。

营连干部争先冲锋

15日17时30分，我们营开始进攻。负责架桥的七连，冒着敌人密集的火力架桥，伤亡巨大，先后六名架杆手倒在血泊中。连长与指导员争着先上。我对他们说："现在不是你们争着上的时候，赶快组织搭梯子。"这时一名叫作李守业的新战士抱着滑竿快速准确搭好，而后桥板组的四名战士抬着桥板往前冲，突然两个人倒下了，行动失败。又一个组冲上去又失败了。先后七个组都没有成功。最后，在二班班长张二嘴的带领下终于搭下桥板架桥成功。接着旅工兵连爆破班在排长刘凤成率领下冒着敌人的炮火迅速冲过桥去，灵活地接近到城墙根按预定位置放置三十公斤重的炸药包连续爆破成功，在城墙上炸出一个斜坡缺口。作为攻城突击队的八连，连长高玉歧带头冲锋，一直冲在最前面。机枪连连长吴琪，端着机枪扫射，最后中弹牺牲。指导员任佩贤腿被炸断，通信员要背他，他说："别管我，向前冲。"

我手握驳壳枪带队冲锋，登城时身后的通信员中弹牺牲，自己面部两处被弹片击中，一颗打在印堂，一颗从眼角打入鼻腔，血流满脸。

毛效义营长在城头上手握缴获的美式卡宾枪侦察瞭望。

登城英雄刺刀见红

八连长高玉歧左臂负了伤顾不着包扎大声喊着："要坚持住快冲上去，为牺牲的战友们报仇！宁可到城墙上和敌人拼死，也不能在下面等死啊！"说着提起机枪就往上冲去。城墙上的敌人不停地向下疯狂射击、扔手榴弹。二排排长任宗海被炸伤了两个手指，仍然端着机枪往上爬。最先登上城头的是任宗海、魏兴良、郭贵礼三位英雄，三人还没有站稳，敌人就上来了。在城头上三位勇士毫不畏惧，挺着刺刀向敌人冲去。魏兴良一刺刀就将敌人挑下城去，排长任宗海虽然手指被打断了两根，但他虎威不减，好几个敌人倒在他的刺刀下。十几位战士喊着杀声冲上了城墙。八连终于攻上城头，攻城后全连只剩下十四人，而且全都负了伤。

八连开始登城之后，九连就越过桥板紧跟上去。九连是一支红军连队，紧接八连冲上城头，打退敌人从城头两侧的猛烈反扑，巩固了城头阵地，掩护团第二梯队投入战斗，向纵深发展全歼城内敌人。

此时瓮城北侧突然冒出一个隐蔽的火力点，重机枪火力猛打过来，一下子倒下了六七位同志。八班班长许文堂同志眼睛都红了，提起手榴弹向地堡扑去。

经过反复激烈的争夺，以城门为中心，宽达两百多米的城头阵地，终于被我们牢牢地控制住了，为团和旅的第二梯队投入战斗创造了条件。

这一仗三营360人，牺牲负伤246人，营连干部全负伤，连排长牺牲好几个，真是血染宿县。最后，敌人口中"固若金汤"的宿县，终被我军拿下。全歼宿县守敌1.2万余人，击毙敌一四八师副师长钱卓严，活捉敌少将护路副司令兼交警第一旅旅长张绩武。为淮海战役决战胜利打赢了关键的一仗！

（本文选自《皖北晨刊》）

黄土岭烽烟颂

文/丹 琳

陈正湘（图片来源：新华网）

1939年11月1日晚，老一团短期整训圆满结束，二十八岁的陈正湘和一位女军医举行结婚仪式。他们穿着平时穿的旧军衣，土炕上是平时用的一领半新的炕席和洗得发白的两床军被。所不同的是灯碗里灯油比往日满，灯芯比往日亮，方桌上堆满核桃、花生和红枣。大伙欢天喜地地祝贺他们，核桃、花生就着大红枣吃得格外香甜。

突然，电话铃响得紧急。陈正湘拿起听筒，传来晋察冀军区第一军分区杨成武司令员的命令："涞源增加日军一千五六百人，准备于2日午后分左中右三路合击马关和吉河一线我八路军。"晋察冀军区司令员聂荣臻的电令是："利用雁宿崖至三岔口峡谷地段，首歼敌之左路。"

此时，时针指向9点整。

陈正湘放下听筒，歉意地握了握爱人的手："打了胜仗再回来见你！"

爱人轻轻地点点头，深情地回答：

"我等着你胜利归来！"

多么崇高伟大的爱情！多么简朴难忘的婚礼啊！

陈团长与政委、副团长、参谋长，根据聂、杨司令员的命令迅速作了战前部署，10点整，带着全团指战员，冒着蒙蒙细雨沿着崎岖山路，摸着黑，向雁宿崖进发。3日下午5时许，陈正湘的一个团，在兄弟团密切配合下，全歼辻村大队，出色地完成了聂、杨司令员交给的任务，使雁宿崖变成日军的阎王崖。

辻村大队在雁宿崖被歼灭，坐镇在张家口的日军第二混成旅团长兼蒙疆驻屯军最高司令官阿部规秀中将，恼羞成怒输红了眼，便亲自出马，来增援涞源。11月6日晨，纠集日军一千四百余人，向黄土岭方向逼近，妄图寻找八路军主力，进行报复。

原来，陈正湘紧紧抓住阿部规秀急于找八路军主力进行报复的心理，派出两个连的兵力，紧紧牵住"野牛"鼻子，把阿部及其率领的一千多日军，引进这道很长的深谷里。一二〇师贺龙师长派来的特务团尾追其后，堵死其退路。这周围的山上埋伏着一、二、三团的全部和二十五团的一部，把阿部紧紧围住，使他真正成了瓮中之鳖，没处可逃了。

陈团长举起望远镜，首先映进眼帘的是南山腰那独立小院，院里不断有挎战刀、穿将校呢军服的日本军官进进出出，他断定那是日军指挥所。顺小院往上看，三个小山包中间的山包上也有挎战刀的日军官在活动，那肯定是日军的观察所。日军官们正用望远镜四处观察，还尚未发现八路军所在的方位。陈团长目测了一下双方的距离有八百余米，白脸坡比独立小院高出三百余米，比作为观察所的小山包稍高几十米。居高临下，出其不意，攻打敌人，胜券在握！陈团长果断地下了决心，调来了四门迫击炮，隐蔽地架在自己身边，然后让杨连长和各炮手用望远镜熟悉情况，明了任务。

陈团长问："盯好敌指挥所和观察所，能打中目标吗？"

杨连长回答："直线距离八百余米，在有效射程之内，保证打中打好！"

炮手们迅速测定方位和距离，做好了发射准备。杨连长又逐个作了细致的检查。陈团长命令："要求你们，一次就把他两个目标摧毁！"

"是！保证完成任务！"炮手们坚定的话语刚一落地，四发迫击炮弹呼啸着凌空飞射，准确无误地击中了预定目标，独立小院、小山包同时硝烟烈火冲天。稳重细心的陈团长又命令炮兵向独立小院北边的小山沟打了几发炮弹，为的是轰击在死角下隐蔽的敌人，做到万无一失。

从望远镜里观察，观察所的日军拖着死尸和伤员滚下山来，独立小院的日军跑进跑出，慌乱异常。当时，谁也不知陈团长指挥的炮兵的辉煌战果。过了些天，才从敌人的广播和报纸上知道阿部规秀中将被迫击炮击毙了。1939年11月21日，日陆军省公布如下："阿部中将在这座小房子的前院下达作战命令的一瞬间，敌人的一颗迫击炮弹飞来，在距中将几步远的地方落下爆炸……碎片给中将的左腹部和双腿以数十处致命重伤……大陆战场名将之花凋谢了。"日本报纸哀叹："皇军自创始以来，在以往众多的战役、事变中，关于中将级将领的战死尚未曾见有先例。"

（本文选自《河北日报》，有删改）

歼灭『天下第一旅』

文/崔 勇 黄腾飞

吴效闵（图片来源:《三晋都市报》）

所谓“天下第一旅”，即国民党嫡系胡宗南精锐部队整编第一师第一旅，是蒋介石的警戒部队。中将旅长黄正诚曾留学德国，读过希特勒的军事学校，态度傲慢自负。该旅全副美式装备，训练有素，可谓蒋军中嫡系之嫡系，故被称为“蒋家御林军”“天下第一旅”。

1946 年 8 月，晋冀鲁豫野战军第四纵队第十旅和纵队的其他各旅一起参加了同蒲战役，接连攻克洪（洞）赵（城）霍（县）灵（石）汾（西）等五城及广大乡村，控制铁路一百三十公里，将太岳、吕梁两个解放区连成一片，为继续歼灭国民党军队王牌部队“天下第一旅”开辟了广阔的战场。

9月23日，二十九团（成都军区某装甲团前身）接到上级第十旅命令：“等敌第一旅旅部及第一团进至陈堰村后，立即切断其退路，准备在23日黄昏参加围歼战。”团政委吴效闵当即带着部队由临汾进至陈堰村。在陈堰村西北一个高坡上，吴效闵用望远镜观察，发现前面黄尘滚滚。原来，黄正诚旅正往陈堰村开进，企图依托村寨固守。二十九团立即按预定作战命令向敌人发起攻击。第一营由西门、第二营由北门攻进陈堰，第三营则布置在村外作预备队，防止敌人从西南方向逃跑。从西门冲进村内的第一营发现敌人正在捉鸡杀猪、架锅做饭，冲在前面的三连一个猛扑，活捉了两百多个俘虏。

激烈的争夺战在陈堰村内展开。敌在我数路对进、穿插分割、猛烈攻击下节节败退，并企图向西南方向突围，被三营用机枪、手榴弹挡了回去。敌人退缩至巷子和院子里作最后的挣扎。24日凌晨4时总攻发起，惊天动地的炸药包响了，就近射击的山炮响了，接着冲锋号、手榴弹的爆炸声、枪声和相互联络的哨声交织在一起，敌人固守的四个院子很快被攻下三个，残敌被压缩在最后一个院子里。

二十九团四连在炮火支援下攻了进去。四连五班班长李新田带着战士吉万才、时来亮冲进了大门。院子的正面有一排四个大窑洞，离大门不远的地方有一堵矮墙，他们利用矮墙作掩护，一边朝窑洞投手榴弹，一边向敌人喊话：“缴枪不杀，赶快投降！”

一颗颗投到窗口的手榴弹爆炸了，窑洞里的敌人吓得高声大叫：“不要打了，不要打了！我们缴枪，我们缴枪！”枪一支一支被扔了出来，并走出了七八个敌人。接着又有一大群国民党官兵分别从四个窑洞里走出来，垂头丧气地站在院子里，共一百三十多人。有一个下身穿黄哔叽马裤、短皮靴，上身却穿着一件士兵服、戴着眼镜的大个子躲在人群后面，他的奇异穿戴没躲过团政委吴效闵的目光。在吴效闵的追问下，他承认自己就是黄正诚，原想换上士兵服装逃跑，可刚换好上衣就当了俘虏。

黄正诚被指认后，干脆脱了士兵上衣摆起了架子，甚至还不服气地说：“这不算失败，是你们违反战术规则，我们还没有拿起枪、架起炮，你们就偷偷摸摸进来了。”黄正诚的话引来了官兵的大笑。

二十九团采取声东击西、穿插迂回、利用夜暗直捣敌穴的战法，一举捣毁“天下第一旅”旅部，歼灭其直属队，活捉中将旅长黄正诚、少将参谋长戴涛、少将参谋处主任顾铁、旅一团少将团长刘玉树，毙伤敌人两千余人，俘敌两千五百余人，缴获山炮四门、火箭炮七门、重机枪三十余挺、斯登手提式冲锋枪两百余支、其他枪械和军需物资无数。

此战威震太岳，是解放战争时期我军对蒋介石军队嚣张气焰打击较为沉重的一次成功战斗，受到了党中央、毛主席的高度赞扬。刘伯承司令员、邓小平政委夸赞道：“如此一举歼灭‘天下第一旅’，出乎意料，二十九团立了奇功！”

（本文选自《解放军报》）

红军借据

文/佚名

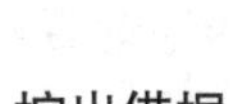

挖出借据

1996年暮春的一天，汝城县延寿瑶族乡官亭村村民胡运海挥着铁锹在墙角上来回铲动，他正准备砌一个新灶。为了施工方便和新灶的美观，他先把老灶墙上的那层黑壁铲掉。突然，墙上露出一个洞，里面有一个用几层土纸裹住的东西。

胡运海忙不迭地取出，原来是一个锈迹斑斑的铁盒。打开铁盒，里面竟是一张发黄的毛边纸，毛边纸长28.5厘米，宽26.5厘米，边缘部分已被蛀虫噬掉。待他小心翼翼地将纸铺开时，几行工工整整的毛笔字跃然眼前：

借　据

今借到胡四德伯伯稻谷壹佰零伍担牲猪（生猪）叁头重量伍佰零叁斤鸡壹拾贰只重量肆拾贰斤。

此据

中国工农红军第三军团

具借人叶祖令（印章）

公原（元）一九三四年冬

“胡运海挖到他爷爷胡四德的宝贝了！”消息不胫而走，引来了香港收藏商的高价购买，但胡运海谢绝了，并将此事报告了村干部。村干部立即通过县人大代表朱翠娇将此事上报县人武部、民政局，同时给中央、省、市民政部门去信。不久，便收到了回音：“据查实，写借据的叶祖令同志系中国工农红军第三军团司务长，于1934年12月在贵州省石阡县作战时英勇牺牲，时年28岁……”

借据来历

1934年11月，红军长征先遣部队到达延寿时，当地老百姓难明真相，不知是红军还是白军，闻讯之后，急忙赶着自家的鸡鸭牛猪，扛着仅有的粮食，向偏僻无人的山谷逃去。

为了消除群众的疑虑，红军在村宗祠、学校旁自扎草棚，并严令红军战士不得在农户家借宿，更不得私拿农户的一钱一物。

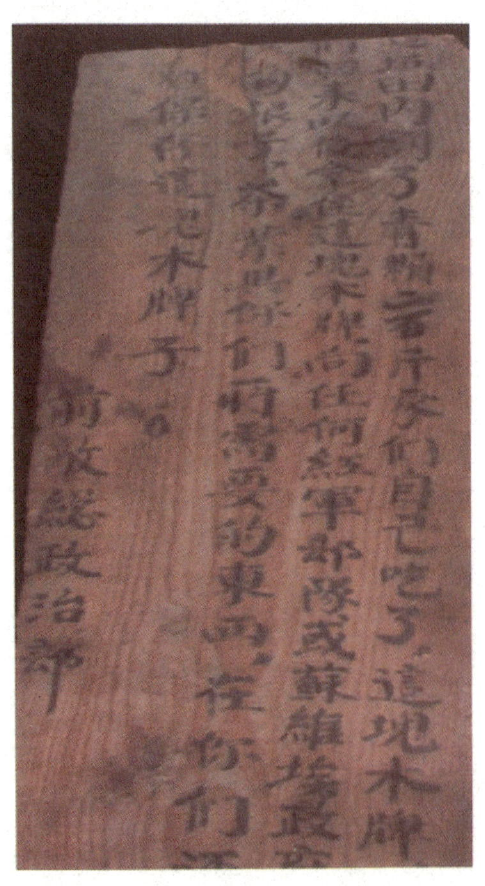

红军当年在松潘留下的“借条”（图片来源：海峡之声网）

如此一来，老百姓开始慢慢地了解了红军部队，此后几天里，东躲西藏的群众也陆续回到瑶寨里。

几天来一直关注着红军的胡四德得知红军已有几天几夜没进食时，心里很难受。当天晚上便召唤来族人，一同商讨如何帮助红军筹集粮食。

第二天下午，在胡四德带领下，从各家各户筹集来的一百零五担稻谷、三头生猪、十二只鸡便送到司务长叶祖令手中。一位姓杨的老大娘还特意将自己仅有的高粱、玉米做成糍粑干粮送给红军……

正当红军在延寿境内边休整边向文明、宜章挺进之际，蒋介石又派粤军陈济棠部追至延寿的简家桥、中洞、九如、桑坪一带，三面夹击红军后勤部队。这时，红军最担心的是老百姓，忙指挥群众走小路到山上躲一躲，而红军后勤部队大批辎重却拥塞于山间小道上。不一会，天下起倾盆大雨，山道坑坑洼洼，行军非常迟缓。中央军委迅速作出指示，命令红五军团后卫师拼死阻敌。

在激烈的战斗中，老百姓自告奋勇，给红军带路做担架抬伤兵、治疗伤员，砻稻谷，搬来柴火和木炭在村宗祠、凉亭生火取暖、煮饭。在当地老百姓的大力支持下，经过三天三夜血战，后卫师以惨重的代价终于掩护了辎重队伍顺利通过延寿。

红军胜利了，当然不会忘记缓解红军燃眉之急和大力援助延寿阻击战的老百姓。

就在红军撤出延寿向西转移时，司务长叶祖令在村宗祠旁找到了胡四德，他激动地说：“伯伯，我们就要走了，请您受我一礼。”说完，恭恭敬敬地向胡四德伯伯行了一个军礼。他接着说道："我代表长征的红军战士谢谢您和众乡亲，谢谢你们为红军做出的巨大牺牲。"停顿一会儿，他满脸愧疚地又说道："伯伯，现在红军筹款非常困难，一时拿不出钱还清您的损失，报答您的大恩大德。我们实在欠您太多了！"

说到这时，叶祖令解开上衣军扣，探手从左胸褡布里拿出一张土纸，对照所收粮食、生猪、鸡的数量，蘸笔写起借据来，之后，又在纸的左下方方方正正地盖上自己的印章，然后将借据郑重交给胡四德，并深情而又无比坚定自信地说："伯伯，深信在不久的将来，全国就会解放，那时候，请您拿上它去找政府兑换吧。虽然这张借据赶不上您对红军恩情的万分之一，但请您相信，红军会永远记住您，党和人民也会永远记住您的！"听到这些话，胡四德不禁眼圈一红，哽咽着说："好、好、好！"接着又揉了揉眼睛，说道："往山眉方向有一条小路，我带你们找大部队去。"

11月14日，吃了败仗的国民党军队和胡凤璋保安团恼羞成怒，气汹汹地闯入延寿，并把官亭村团团围住，见人就抓，见猪就杀，见鸡就宰，不一会儿，村子四周的小巷、小沟里都流满了动物的鲜血。之后匪徒们用枪把老百姓赶到村宗祠内审问，先是百般引诱，后又威胁恫吓，想从中套出口风。

刚回来不久的胡四德知道这件事后，想到国民党军队残暴无比，忙偷偷地将这张借据藏起来，不向外人透露半点风声，甚至连自己的儿子、孙子都没有告知……

借据

今借到胡四德伯伯稻谷壹百零伍担

此据

中国工农红军第三军团

官亭村发现的红军借据（图片来源：《湖南日报》）

随着时间推移，到胡四德的孙子胡运海挖到这张借据时，它已在墙洞里深藏达六十四年之久！

兑现借据

这张红军借据被发现后，立即引起了上级党政军领导的高度重视，一致决定如数兑现红军立下的借据，按现价折款，由汝城县人民政府向胡四德的唯一继承人胡运海归还1.5万元人民币。胡运海却将其中的13930元捐献给村里新建学校。

1997年5月17日，一个阳光灿烂的日子，中共汝城县委、县人民政府、县人武部在官亭村举行隆重的"中国工农红军第三军团长征途经汝城借据兑现仪式"。来自省、市、县的领导高度赞扬了延寿老百姓不怕牺牲、勇抗顽敌的大无畏精神，并向为红军长征做出重大贡献的胡四德伯伯致以崇高的敬意。

（本文选自汝城县史志办）

红军营部设在我家

口述/马天健　整理/田　杰　谢　辉　陈建兵

营部设在我家

见到红军那年，我刚满九岁。1936年3月初，“红军要攻打雅江”的消息一传开，“红军的脸一半黑一半白”等谣言迅速在村民中散开。红军进入雅江前夜，村民们几乎全躲进深山丛林及岩洞中。我父亲带着年仅三岁的弟弟早早躲进河对岸的深山老林，我与身体虚弱的母亲胆战心惊地留在家中。

16日上午，三名红军士兵在我家房前屋后侦察一番后，一支部队浩浩荡荡从我家门前经过。面对人去楼空的村子，征得母亲同意后，两三百名红军就在空房间和房屋周围空地上驻扎下来，红四方面军十二师某营的营部就设在我家。

红军驻扎后的第一件事就是打扫卫生，挑水劈柴。此后，我家种菜喂猪，甚至一日三餐也全被红军包干。这对长期为土司干苦活的母亲来说不可思议：“世上哪有这样好的‘菩萨’兵！”母亲每天主动帮红军搓毛线，缝补衣服，我也与红军打成了一片。

唐营长送我一个笔筒

那时我虽没上学，但唐营长在我家墙壁上写的五十多条宣传标语，我全都背得下来。唐营长的毛笔字写得好，每写好一幅总是一个字一个字地教我读，“红军要男女平等”“建立中国苏维埃政权”……尽管不识字，但时间一长，标语内容我都记住了。临走时，唐营长将一个浅灰色笔筒送给了我。

与红军在战壕里捉迷藏

红军在三道桥村驻扎时间不足两个月，最令我难忘的是常常在房后格洼山上与红军战士嬉戏玩耍的情形。

在我家屋后三百多米高的山上，有一块面积不足四十平方米的平地。陡峭的山上，青杠林密布。每天都有战士准时送饭上山，宿营地帐篷里住着二十多名战士，休息间隙还同我一道弹弹壳、捉迷藏、摘野果。

红军离开的那天下午，三名红军战士护送我们母子和隔壁的阿波前往俄望沟老林避难，并一再嘱咐：“国民党部队已经赶来，战斗就要打响，千万不要下山。”

待我们返回家时，红军已经离开了。多年来，红军的形象深深地烙在我的心中，与红军相处的日子是我一生最骄傲的记忆。

（本文选自《四川日报》，有删改）